KB202326

리더가 알아야 할 유머의 모든 것

고수의 유머론

리더가 알아야 할 유머의 모든 것

고수의 유머론

한근태 지음

유머와 위트가 있는 사람이 이긴다!

클라우드나인
CLOUD 9

프롤로그

웃기는 사람이 되고 싶다

재미난 얘기를 해도 직원들이 웃지 않는다고 불평하는 상사가 있다. 그런 질문을 받을 때마다 난 거꾸로 "왜 그런 것 같은가요?"라고 묻는다. 잘 모르겠다고 대답한다. 웃기는 얘기를 한다고 웃을까? 당신이 웃기는 얘기를 하는데 그들은 웃지 못하는 것일까, 아니면 웃지 않는 것일까? 그 이유를 알기 위해서는 웃음이란 무엇이고 언제 웃고 언제 웃지 않는지를 봐야 한다.

웃음에는 개인적 측면과 사회적 측면이 있다. 개인적 측면으로 보면 태생적으로 잘 웃는 사람과 그렇지 않은 사람이 있다. 나이가 어릴수록 잘 웃고 남성보다는 여성이 잘 웃는다. 나이 든 아저씨들은 웬만해서는 웃지 않는다. 남들은 다 웃는데 혼자 웃지 못하는 사람은 그 자체로 별 볼 일 없는 사람이다. 웃음이 없는 대표 인물은 트럼프 전 대통령이다. 그는 웃지 않는다. 아니, 웃지 못한다. 가끔 웃기는 하지만 그건 진정한 웃음이 아니라 비

웃음 혹은 조롱이다.

"그는 거의 웃지 않는다. 다만 비웃을 뿐이다. 자신을 지지하지 않는 사람을 모욕하는 것에만 능하다. 역사상 가장 유머 감각이 없는 대통령이고 그 대가를 미국은 톡톡히 치르고 있다. 트럼프는 정치에 유머의 힘을 활용하지 못하는데 권력에 대한 탐욕에만 매달리기 때문이다."

『뉴욕타임스』에 실린 트럼프에 관한 글이다. 사회적 측면은 분위기 혹은 맥락이다. 혼자 있을 때보다는 같이 있을 때 잘 웃고, 불편하거나 싫은 사람보다는 좋아하는 사람이나 편한 사람과 같이 있으면 잘 웃는다.

그렇다면 언제 웃지 않을까?

무슨 일이든 개념을 명확히 하기 위해서는 반대편을 보는 게 유리하다. 웃음도 그렇다. 언제 웃는지보다는 언제 웃지 않는지를 봐야 한다. 사람들은 언제 웃지 않을까? 웃기 어려운 장소에서는 웃지 않는다. 초상집에서 웃는 사람은 없다. 위기의식을 불어넣는 회의에서도 웃지 않는다. 사람들은 본능적으로 웃어야 할 자리와 그러면 안 되는 장소를 알고 행동한다. "웃지 마세요." 과거 포드자동차의 슬로건이다. 왜 이런 슬로건을 걸었을까? 웃는 게 생산성을 떨어뜨린다고 생각했기 때문이다.

오래전 버스 운전사 옆에는 "운전사에게 말 걸지 마세요."라는 표어가 붙어 있었다. 말을 걸면 운전자의 집중력이 떨어져 사고를 낼 수 있다고 생각했기 때문이다. 종교, 군대, 정치 집단도 웃음을 터부시한다. 예배 시간에 웃는지? 열병 중 웃는지? 뭔가 그림이 그려지지 않는다. 웃지 않는 직업의 대표는 정치인이다. 그들은 잔뜩 입을 내밀고 최대한 심각한 얼굴을 하려고 노력한다. 참 꼴불견이다. 난 그들의 내민 입을 추락의 신호로 해석한다. 뭔가 잘못을 저질렀고 그것이 발각되기 직전에 그런 얼굴을 하기 때문이다.

별 볼 일 없는 직장 역시 웃음이 없다. 심각한 얼굴로 업무 얘기만 하는 직장은 이미 그 자체로 맛이 갔다는 걸 보여준다. 가면을 쓰고 있어도 웃기 어렵다. 요즘처럼 마스크를 쓴 채 소통하면서 웃고 웃기는 건 거의 묘기에 가깝다. 그 속에 섞이지 못한다고 생각할 때도 웃지 못한다. 아니 웃기 어렵다.

사람들은 언제 웃을까?

웃기 위해서는 세 가지 측면이 만족되어야 한다. 우선 나 자신의 상태가 좋아야 한다. 육체적으로 정신적으로 건강하고 여유가 있어야 한다. 내가 생각하는 여유는 그 일에 매몰되는 대신 한발 떨어져 자신과 상황을 볼 수 있는 능력이다. 내가 아프거나 여유가 없는데 어떻게 웃을 수 있는가?

다음은 상대와의 관계인데 이게 중요하다. 웃기 위해서는 친밀감이 있고 상대방과 있는 게 편하고 즐거워야 한다. 불편하고 어려운 상사와 회의하면서 웃기는 쉽지 않다. 상사이기 때문에 억지로 웃긴 하지만 속으로는 이런 생각을 할 것이다. '우리를 웃기려는 노력은 가상하지만 사실 하나도 웃기지 않거든. 당신이 상사라 하는 수 없이 웃기는 하지만 난 빨리 이 자리를 벗어나고 싶어.' 웃으려면 서로에 관한 관심과 공동체 의식이 필요하다.

마지막은 맥락이다. 내가 생각하는 맥락은 어떤 일이나 사물의 연관성이다. 분위기에 어울리는 말을 해야 한다는 것이다. 내가 하는 말이나 행동이 분위기에 맞으면 사람들은 웃지만 그렇지 않으면 썰렁 개그가 되고 만다. 웃기는 얘기를 한다고 웃는 건 아니다. 웃기려는 의도가 없어도 맥락에 잘 맞으면 사람들은 웃는다. 그런 면에서 유머의 핵심은 맥락이다. 맥락에 맞으면 사람들은 웃을 것이고 맞지 않으면 웃지 않을 것이다.

나는 태생적으로 웃음이 많다. 웃기는 얘기를 하면서 내가 먼저 웃는다고 아내에게 지적을 많이 받는다. 근데 어쩌겠는가? 나도 모르게 웃음이 나오는걸. 웃기도 잘 웃는다. 그냥 배시시 웃는 게 아니라 박장대소를 하면서 웃는다. 이 역시 어머니에게 지적을 많이 당했다. 남자가 왜 그렇게 요란하게 웃느냐는 것이다. 이것 역시 내 힘으로 할 수 있는 일이 아니다. 근데 요즘 이런 내 주특기가 북클럽이나 독서토론회를 하면서 빛을 발하고 있다. 별 기대를 하지 않고 참석했는데 너무 재미있다는 것이다. 웃게 만들면 사게 할 수 있다. 상대를 웃게 만들면 유혹할 수 있다. 나는 웃기는 사람이다. 동시에 잘 웃는 사람이다. 앞으로 더욱 발전시키고 싶은 내 주특기다.

2024년 4월
한근태

2장
유머의 법칙 18 · 69

3장
유머의 다양한 소재들 17 • 163

1장
유머의 효용

1
웃음은 어떻게 삶을 바꾸는가

"들어가긴 했는데 막상 털 수 없었던 경우가 있었는가?"

슈퍼마켓을 털다 잡힌 강도를 대상으로 한 질문이다. 강도 중 95%가 "종업원이 눈을 맞추며 인사할 때 양심상 위협할 수 없었다."라고 답했다. 반면 "별생각이 없었는데 상해를 입히고 살인까지 저지른 경우는 언제인가?"라는 질문에는 "손님인 자신을 아는 체도 하지 않고 웃지도 않을 때였다."라고 답했다. 강도를 당할 때조차도 미소는 이렇게 큰 역할을 한다. 상대에게 보내는 미소 한 방이 사람을 죽일 수도 있고 살릴 수도 있다. 내가 생각하는 웃음은 다음과 같다.

웃음은 돈도 부르고 운도 부른다

웃음은 나를 지켜주는 부적이다. 웃음은 자기 보호를 위한 최고의 장치이며 최고의 사교 도구다. 잘 웃는 사람이 성공한다. 성공해서 웃는 게 아니라 잘 웃기 때문에 성공한 것이다. 성공한 사람 중 우거지상인 사람은 별로 없다. 특히 사업하는 사람이나 장사하는 사람은 잘 웃어야 한다. 웃기는 사람보다 잘 웃는 사람, 잘 웃어주는 사람이 좋은 사람이다. 이와 관련해 위닝경영연구소 전옥표 대표 얘기가 흥미롭다. 한번은 장례식장에서 염하던 사람이 회사에 지원했는데 자신을 이렇게 설명했다.

"저는 잘 웃습니다. 죽은 이들을 닦아주면서 인생이 이렇게 유한한데 짜증내고 화난 표정으로 지낼 필요가 없다는 생각이 들었기 때문입니다. 죽은 사람도 웃음으로 모셨는데 살아계신 고객이야 얼마든지 웃음으로 모실 수 있습니다."

당시 27세 최종원 씨 얘기인데 입사 두 달 만에 월 매출 1억 5,000만 원을 달성해 전국에서 최단기간 최대 매출을 올린 주인공이 되었다는 것이다. 이처럼 웃음은 돈도 부르고 운도 부른다. 웃음은 돈 안 드는 보약이다.

웃는 얼굴을 하면 수명이 더 길어진다

웃음은 내부에서 비롯되는 마사지다. 웃음은 정신적 조깅이며 에어로빅이다. 웃으면 오래 산다. 122세로 기네스북에 최고령자로 등재된 프랑스의 잔 칼망 할머니에게 장수 비결을 묻자 "하나님이 나를 데려가는 걸 깜빡 한 것이겠지."라고 답했다. 자주 웃는 사람은 건강하고 웃지 않는 사람은 상대적으로 건강치 못할 가능성이 크다. 웃으면 머리가 맑아지고 기분이 좋아진다. 스트레스가 줄고 혈압이 낮아진다.

웃는 얼굴은 수명과도 관련 있다는 연구가 있다. 1952년 메이저리그 야구 선수들의 얼굴이 담긴 야구 카드를 연구했다. 웃는 얼굴인지 아닌지를 기준으로 선수들 수명이 달랐다. 활짝 웃는 선수들의 평균 수명은 79세였지만 별로 웃지 않는 선수들의 평균 수명은 72세였다. 웃는 얼굴 덕분에 7년을 더 살았다는 이야기다.

웃음은 어떤 사람인지를 나타내는 지표다

그 사람이 웃는 걸 보면 그 사람이 어떤 사람인지 짐작할 수 있다. 그 사람의 됨됨이를 알 수 있다. 상대를 전혀 알지 못해도 상대의 웃는 모습에 호감을 느낀다면 그 사람은 괜찮은 사람일

가능성이 크다.

성숙한 사람에게는 유머 감각이 있다

그 사람이 성숙한 것을 어떻게 판단할 수 있을까? 밝은 표정, 잘 웃는 사람이 성숙한 사람이다. 잘 웃고 유머 감각이 있는 사람이 성숙한 사람이다. 다른 사람을 바보로 만드는 대신 자신을 기꺼이 웃음거리로 만들기 위해서는 성숙함이 있어야 한다.

"유쾌한 사람은 농담을 적절히 활용한다. 상쾌한 사람은 농담에 웃어줄 줄 안다. 경쾌한 사람은 농담을 멋지게 받아칠 줄 안다. 통쾌한 사람은 농담 수위를 높일 줄 안다. 복잡한 상황에 유쾌한 사람은 상황을 간단히 요약한다. 상쾌한 사람은 고민의 핵심을 안다. 경쾌한 사람은 고민을 휘발시킬 줄 안다. 통쾌한 사람은 고민을 역전시킬 줄 안다."

김소연의 『마음사전』에 나온 말이다.

"지혜로움을 나타내는 가장 분명한 표현은 명랑한 얼굴이다."

몽테뉴가 한 말이다.

젊어 보이고 싶다면 자주 웃어라

얼굴에 손을 대지 않고 예쁘게 만드는 최고의 도구가 바로 웃음이다. 사람은 웃을 때 가장 예쁘다. 만고불변의 진리다. 웃는 순간만큼 귀한 순간은 없다. 자주 호쾌하게 웃을 수 있다면 그 사람은 성공한 사람이다. 자주 웃으면 얼굴에 멋진 흔적이 남는다. 예뻐지고 싶은가? 젊게 보이고 싶은가? 가능한 자주 웃어라. 웃는 시간은 신과 함께한 시간이다.

2
유머는 다정하고 따뜻한 웃음이다

유머란 무엇일까? 유머의 원뜻은 우메레umere다. 물속처럼 유동적이란 뜻이다. 나는 무장해제를 시키고 분위기를 잘 푼다는 뜻으로 생각한다. 유머는 따뜻한 웃음이다. 인간에 대한 측은지심이다. 다정하고 온화하며 지친 마음에 위안을 준다. 유머는 가없는 인간의 행동을 눈물 어린 눈으로 바라볼 때 얻어진다.

유머는 거리 두기다. 현재 상황과 거리를 두는 장치다. 현실에 매몰된 상태에서는 절대 유머를 사용할 수 없다. 거리를 두기 때문에 오히려 현실을 제대로 볼 수 있다. 현실 직시의 좋은 장치다. 유머의 핵심은 "우리는 항로를 벗어났다. 하지만 그러면 좀 어떤가?"라는 태도다.

유머는 지적 능력의 가장 높은 형식이다

유머는 단순히 웃기는 얘기가 아니다. 음담패설은 더더욱 아니다. 남을 조롱하는 건 유머의 반대편에 있다. 유머 안에는 웃음 플러스 교훈이 있다. 5초 동안 웃고 10분 동안 생각하게 할 수 있어야 한다. 유머의 대척점에 오만함이 있다. 자신을 대단한 사람으로 생각하는 사람은 절대 유머를 사용할 수 없다. 에고가 강한 사람 역시 유머와는 거리가 멀다.

유머는 패러다임의 전환이다. 기존의 틀을 벗어나는 것이다. 상황의 재해석이다. 보통 사람들과 다른 눈으로 현 상황을 보고 해석하는 것이다. 상황에 매몰된 사람에게는 힘든 일이다. 단기적 이익에 급급하고, 남들과 똑같은 해석을 하고, 무슨 일이건 시시비비를 가리려 하고, 늘 이해타산으로 판단하려는 사람은 유머를 사용할 수 없다.

유머는 공간 확보의 기술이다. 너무 엄숙하고 경건한 모드, 경직된 태도, 고집부리기, 과잉반응, 치우친 행동, 완벽주의 등은 공간 부족에서 나오는 현상이다. 이런 긴장 모드는 그 자체로 본인은 물론 주변까지 긴장시킨다. 본인의 건강을 해칠 수 있다. 유머는 이런 문제를 해결하고 자기를 지키는 좋은 정신적 무기다. 유머의 핵심은 거리 조절이다. 적절한 거리를 유지할 수 있어야 한다. 상황에서 자신을 약간 떼어놓고 객관적으로 볼 수 있을 때 자신을 소재로 농담할 수 있다. 그러나 너무 멀리 가 있으면 안 된다.

유머는 통찰력이다. 불완전함, 나약함, 속수무책의 처지를 꿰뚫어야 유머를 사용할 수 있다. 너도 부족하고 나도 부족하니 그리 심각하게 생각하지 말자는 위로가 숨어 있다. 지금은 비록 일이 풀리지 않아도 인간의 가치는 훼손되지 않는다는 확신이 있다.

유머는 지성의 상징이다. 똑똑한 사람만이 유머를 사용할 수 있다. "유머에는 반드시 상식과 이성적 정신이 갖추어져 있게 마련이다. 모순이나 어리석은 견해나 불확실한 논리를 알아내는 특별히 민감한 정신력을 가지고 있다. 지적 능력의 가장 높은 형식이 유머다." 린위탕의 『생활의 발견』에 나온 말이다.

유머는 본질을 통찰하고 진실을 명료하게 한다

"유머는 스킬이 아니다. 일정한 세계를 공유하면서 의미의 변주를 즐기는 정신이다. 자기를 상대화하는 용기, 주어진 상황을 낯설게 보는 관점을 요구한다. 타인의 마음을 섬세하게 읽어내고 그 움직임을 순간 포착하는 직관도 필요하다. 유머는 삶의 무늬이자 인격이다. 자신과 세상을 받아들이는 태도다. 유머는 지성의 소산이다. 사태의 본질을 통찰한다. 모호하고 복잡한 현상 이면에 있는 진실을 명료하게 드러낼 때 웃게 된다. 자신을 기꺼이 희화戲畵할 수 있는 여유까지 곁들여지면 탁월한 유머가 된다."

김찬호의『유머니즘』에 나온 말이다.

유머는 슬픔을 인정하고 기쁨을 담는 것이다

'웃어넘기다.'라는 말은 있지만 '울어넘기다.'라는 말은 없다. 왜 그럴까? 유머의 근원이 슬픔이란 증거다. 비극처럼 보이지만 한 걸음 뒤에서 보면 별거 아닐 수 있다. 그러니 웃어넘기자는 뜻 아닐까? 세상에 웃어넘기지 못 할 일은 없다는 결심 아닐까? "그리 심각할 필요가 없다. 최악의 경우 죽기밖에 더 하겠나. 그러니 웃어넘기자."라는 것이다. 슬픔을 경험해야 기쁨도 커진다. 인생은 가까이 들여다보면 비극이지만, 멀리 떨어져 보면 희극이다. "기쁨은 가면을 벗은 슬픔이다. 웃음이 샘솟는 바로 그 우물은 종종 눈물로 가득 찬다. 슬픔이 깊이 파고들수록 우리 안에 더 많은 기쁨을 담을 수 있다."

칼릴 지브란이 한 말이다.

웃길 수 있는 사람만이 천국에 갈 수 있다

유머란 오직 인간만이 가진 신성한 능력이다. 유머 감각이 없는 사람은 조그만 자갈에도 휘청거리는 탄력 없는 마차와 같다. 인간에게 가장 큰 재앙은 죽음이 아니라 살아가는 동안 인간의 내부가 죽어가는 것이다. 유머는 죽어가는 우리를 살린다. 내 안에 숨어 있는 아이 모습을 되살리는 역할을 한다. 호기심과 장난기 가득하고 잘 웃는 어린 시절의 나로 돌아가게 한다. 세상에 이보다 더 귀한 일은 없다. 당신은 사람을 웃게 하는가, 심각하게 하는가, 아니면 울게 하는가? 누가 천국에 갈 것 같은가? 웃게 하는 사람이다.

"주위 사람을 웃길 수 있는 사람만이 천국에 갈 자격이 있다."

『코란』에 나오는 말이다. "유머는 위대한 존재이며 구원의 존재다. 웃음이 피어나는 순간 모든 짜증과 원한은 사라지고 그 자리를 따뜻한 영혼이 대신한다."

미국 소설가 마크 트웨인이 한 말이다.

3
유머는 신이 주신 놀라운 선물이다

유머는 어떤 역할을 할까?

압력밥솥의 안전밸브 역할을 한다

유머는 적대감을 낮추고 비판을 피하게 하며 긴장을 완화시키고 사기를 높이고 어려운 의견전달을 원활하게 한다. 무장해제를 시킨다. 유머는 굳게 닫힌 문을 열고 긴장을 풀게 한다. 압력밥솥의 안전밸브 역할을 한다. 사람은 계속된 압력과 긴장 속에서는 살 수 없다. 그렇게 살다가는 폭발하든지 미치든지 둘 중하나다.

기분이 좋을 때 최고의 성적을 낸다

생산성을 올린다. 최대의 힘을 발휘하기 위해서는 힘을 빼야
한다. 사람은 힘이 들어가 있지 않을 때 최대의 능력을 발휘한
다. 비즈니스도 마찬가지다. 힘을 빼는 순간은 언제일까? 웃음이
터지는 순간이다. 몸 어딘가 힘이 들어가 있으면 웃지 못한다.
선수도 기분이 좋을 때 최고의 성적을 낸다. 기분 좋은 소가 더
좋은 우유를 만든다. 너무나 분명한 사실이다.

명랑하고 기분이 좋으면 모든 것이 잘 풀린다. 일에 의욕과 흥
미를 느낀 직원은 재미있게 일하고 근무시간이 길더라도 불평하
지 않는다. 그래서 더 많은 에너지와 노력을 기울이게 된다. 새
로 산 강아지에게 묘기를 가르칠 수는 있다. 그러나 꼬리를 흔들
며 주인을 따르도록 가르칠 수는 없다. 신뢰와 존중이나 호감은
배우는 것이 아니라 생겨나는 것이다.

지루한 것이 악이고 즐거운 것이 선이다

호감을 느끼게 한다. 호감은 강요할 수 없다. 절로 생겨나는
것이다. 리더가 반드시 갖춰야 할 역량이다. 인상을 쓰고 있는
상사는 부하 직원 앞에서 파업 중인 상사다. 오래 전 미국에서
열린 연례 자동차 관련자 모임에서의 일이다. 당시 자동차 3사

인 제너럴모터스, 포드, 크라이슬러 회장이 각각 5분씩 자사 전략을 얘기했다.

그중 한 사람이 이렇게 말문을 열었다. "신사 숙녀 여러분, 자동차 업계에서 수고하시는 여러분, 스파이 여러분……" 스파이란 말에 모든 사람들이 박장대소를 했다. 이후 그가 하는 말이 귀에 쏙쏙 들어왔다. 30분 동안 지루한 연설을 하는 건 일종의 폭력이다. 그렇게 많은 사람을 모아 놓고 단체로 고문을 하는 것이다.

"이 시대의 선과 악은 착하고 나쁜 것이 아니다. 지루한 것이 악이고 즐거운 것이 선이다."

오스카 와일드의 주장이다.

난처한 상황을 극복할 수 있게 해준다

문제를 부드럽게 해결한다. 1996년 6월호 『리더스다이제스트』에 실렸던 짤막한 이야기를 소개한다. 덴버 공항에서 항공편이 하나 취소되는 바람에 예약했던 사람들이 길게 줄을 서서 리부킹을 하고 있을 때 일어난 일이다. 줄을 서지도 않은 한 사람이 리부킹을 받느라 정신없는 스튜어디스 앞에 나타나 난동을 부렸다. "나는 이 비행기를 꼭 타야 해. 좌석은 일등석이야." 이 말을 들은 스튜어디스가 "선생님 죄송합니다. 제가 선생님을 도와드릴 수 있으면 좋겠는데 여기 계신 분들을 먼저 도와드려야 합니다."라고 대답했다.

그 사람은 "당신, 내가 누군지 알고 그러는 거야?"라고 큰소리를 쳤다. 이 말을 들은 스튜어디스는 상냥하게 미소를 지으면서 마이크를 잡고 이렇게 안내했다. "안내 방송을 들어주세요. 탑승구에 자신이 누군지 모르는 한 분이 있습니다. 이 분이 누군지 가르쳐 주실 분이 계시면 탑승구로 나와 주시기 바랍니다." 스튜어디스에게 당한 그 사람이 멋쩍게 카운터에서 물러날 때 그곳에 있던 모든 사람이 손뼉을 쳤다.

이처럼 유머는 실수나 난처한 상황을 슬기롭게 극복할 수 있게 해준다. 인생은 문제의 연속인데 최고는 문제를 해결하는 것이고, 다음은 유머를 사용해 문제를 잘 넘기는 것이고, 최악은 짜증과 같은 대응적 반응을 보이는 것이다.

힘든 일을 극복하는 에너지를 준다

유머는 사람을 자유롭게 한다. 어려운 상황에서도 유머를 사용하면 마음이 자유롭게 된다. 철의 장막에서도, 포로수용소에서도 유머가 있다면 자유로울 수 있다. 인간이 위기 상황에 맞서는 세 가지 방법이 있다. 맞서 싸우거나, 도망치거나, 웃는 것이 바로 그 세 가지다. 유머는 힘든 일을 극복하는 에너지를 준다. 로스앤젤레스에 지진이 발생한 후 삼사 일도 되지 않아 이런 우스개가 나왔다. "차는 막혔지만 고속도로는 움직이데요."

"유머는 신이 주신 가장 놀라운 선물 가운데 하나다. 유머는 미소와 웃음, 유쾌함을 선사한다. 우리가 진 짐을 가볍게 하고 거친 길을 평탄하게 한다. 애매한 것을 명백하게 하고, 복잡한 것을 단순하게 하고, 허풍을 빼게 하고, 교만한 자들을 겸손하게 하고, 도덕적인 것을 찾아내고, 이야기를 맛깔나게 만드는 능력을 부여한다."

샘 어윈이 한 말이다.

4
유머는 못 보는 걸 보는 특별한 능력이다

유머는 하고 싶다고 할 수 있는 게 아니다. 하기 싫다고 안 할 수 있는 것도 아니다. 누구나 보지만 아무도 보지 못하는 걸 볼 수 있어야 하고 그걸 명료하게 표현할 수 있어야 한다. 누구나 막연하게 느끼고는 있지만 그걸 표현할 수 없을 때 그걸 꼬집어 얘기할 수 있어야 한다. 그야말로 특별한 사람만이 가진 특별한 능력이다.

남다른 통찰력과 표현력이 있어야 가능하다
촌철살인의 능력이다. 기억나는 몇몇 사람이 있다.
하상욱 시인이 대표적이다. 그는 짧지만 강력한 말로 사람을 놀라게 한다. 퀴즈 형식인데 몇 가지만 소개한다.

"너 때문이라고 말할 수 없어." 면담이다. 상사 앞에서 네가 문제라는 걸 차마 얘기하지 못하는 부하의 심정이 그대로 느껴진다.

"내가 맞는 건데 내가 틀린 느낌."

정시퇴근이다. 퇴근시간 되어 퇴근하는 게 잘못이 아닌데 뭔가 눈치가 보이는 조직문화가 눈에 그려진다.

"모를 줄 알았지? 그럴 줄 알았어."

사내 연애다. 예전 회사에서 비슷한 일이 있었다. 두 사람은 몰래 사귀고 있었고 모든 직원이 그 사실을 알고 있었다. 그런데 두 사람만이 직원들 모두가 알고 있다는 그 사실을 몰랐다. 그걸 보는 우리가 얼마나 재미있어 했는지 모른다.

"니 생각에 잠 못 이뤄."

출근이다. 토요일까지 기분 좋다 일요일 오후가 되면 이상하게 기분이 나쁘다. 바로 출근 때문이다.

"누구야? 나 아니야!"

방귀다. 누구나 이런 경험이 있을 것이다. 내가 아닌데 나를 용의자 취급할 때의 그 분함. 그렇다고 어떻게 증거를 내밀 수도 없는 이 답답함.

정말 기막히지 않은가? 난 그의 시를 읽을 때마다 핵심을 뽑

아내는 능력, 이를 짧지만 강력하게 표현하는 능력에 감탄을 금치 못한다. 탁월한 유머 감각이다.

모순어법도 좋은 방법이다

모순어법은 표현이나 주장을 강조하기 위해 서로 양립할 수 없거나 모순적인 단어들을 결합한 수사법이다. "가장 빨리 가는 길은 돌아가는 것이다. 5분 먼저 가려다 50년 먼저 간다. 서둘수록 늦어진다." 아니 어떻게 가장 빨리 가는 길이 돌아가는 길일까? 근데 정말 그렇다. 급하게 서두르다 일을 그르치고 그르친 걸 바로잡느라 시간과 비용을 쓴 사례는 차고도 넘친다. 오죽하면 영어에도 "급할수록 돌아가라._{Haste makes waste.}"라는 격언이 있겠는가? 악마나 냉소주의자는 처음부터 그렇게 된 건 아니다. 하다가 뭔가 잘되지 않을 때 그렇게 되는 것이다. 독선적인 것도 그렇다. 가만히 들여다보면 확신이 없을 때 똥고집을 피운다. 자신의 무지가 탄로 나는 걸 두려워하기 때문이다. 모순어법을 활용한 몇 가지 유머 사례를 소개한다.

"악마는 추락한 천사다."

"냉소주의자는 좌절한 이상주의자다."

"가장 확신이 없을 때 가장 독선적이 된다."

"큰일에 부도덕할수록 작은 일에 더욱 금욕적이 된다."

"노동의 부족에서 오는 피로만큼 사람을 피곤하게 하는 것은 없다."

이런 걸 보면 유머 감각은 그냥 생기는 게 아니다. 사람에 대해 관심을 가지고 관찰하고 이해하려고 노력할 때 조금씩 생겨난다. 무엇보다 사람에 대한 공부는 필수적이다. 공부 없이 유머는 쉽지 않다.

반대편을 보면 흥미를 유발한다

불량식품의 특징은? 맛있다는 것

하지 말라는 것의 특징은? 재밌다는 것

명예퇴직이란? 명예롭지 않은 퇴직이다.

삐딱하게 보는 것도 좋다

버스에 붙어 있는 광고 문구 '우리는 신호위반을 절대 하지 않습니다.'를 보면 "그동안 얼마나 많이 신호위반을 했을까?"라는 생각을 하게 된다. 착한 보험이나 따뜻한 보험이란 슬로건을 내건 금융회사를 봐도 비슷한 생각을 한다. 그동안 참 나쁜 짓을 많이 했구나! '전원 서울대 출신의 의사가 하는 병원'이란 광고를 봐도 "참, 내세울 것은 오직 하나 서울대뿐이군. 저런 곳에는 가지 않게 낫겠다."라는 생각을 한다.

난 자주 이런 식으로 생각한다. "솔직히 말해서⋯⋯"라는 말을 밥 먹듯 하는 사람은 솔직하지 않다고 생각하고 "너한테만 하는 말인데⋯⋯"라는 말을 하는 사람은 그가 나뿐만 아니라 모든 사람에게 이 얘기를 했다고 생각한다. 당연히 그런 사람은 가까이 하지 않는다. 유머는 행간을 읽고 그 사람의 본심을 읽어야 사용할 수 있다. 당연히 삐딱하게 볼 수 있어야 한다. 옳고 그름을 떠나 그렇게 생각하고 놀면 재미가 있다.

"돈이 전부냐? 사람을 어떻게 보는 거야?"라는 사람에게는 사실 "당신은 돈이 전부인 사람입니다. 저 또한 돈이 좋습니다. 돈만큼 중요한 게 그리 많나요?"란 말을 하고 싶다. "우리가 남이가?"라고 외치는 사람에게도 "우리는 남이다."라고 말하고 싶다. 엄연히 다른 인격체인 우리가 어떻게 남이 아닐 수 있나?

이중부정도 자주 사용하는 기법이다

"금지를 금지하라."

"공유경제는 공유하지 않는다."

"즉석 스피치는 즉석에서 하는 것 같지만 사실은 오랜 준비 끝에 나오는 것이다.”

“돌연사는 돌연 오는 게 아니다.”

“필요할 때만 연락하면 필요한 걸 얻을 수 없다.”

“상식은 결코 상식적이지 않다.”

“평범한 삶을 사는 건 결코 평범하지 않은 비범한 일이다.”

“안정을 원할수록 안정과는 거리가 먼 삶을 살게 된다.”

“틀에서 벗어난 생각을 하려면 먼저 틀이 있어야 한다.”

“공짜는 공짜가 아니다.”

“자신감을 가지라고 얘기할수록 자신감은 떨어진다.”

“위험을 감수하지 않으면 더 큰 위험이 찾아온다.”

“은행은 돈이 필요치 않다는 것이 증명된 사람들에게 돈을 빌려주는 곳이다.”

역설도 기막힌 유머의 기법이다

“역설은 진실을 밝히는 강력한 장치다. 이런 식이다.”

“공간을 채우느라 공간을 잃는다.”

“돈을 버느라 시간을 잃는다.”

“차를 타고 움직이느라 바깥 풍경을 잃는다.”

“잘 두면 못 찾는다.”

"실패의 가능성이 없으면 성공의 가능성도 없다."

패러디도 재미있다

배달의민족이 이런 걸 잘한다. "아빠 힘내세요. 우리가 있잖아요." 무얼까? 사골국물이다. 2019년 배민신춘문예 대상을 받았다. 그렇다면 2018년 대상은 무엇일까? "박수칠 때 떠나라." 무얼까? 회다.

남다른 시선도 필수적이다

한국에 사는 외국인이 바로 그렇다. 우리에겐 너무 익숙하지만 외국인에겐 모든 것이 새롭다. 그중 하나를 소개한다.

"안녕하세요. 프랑스 교포 3세입니다. 저 한국에 온 지 몇 년 됐어요. 처음 한국 왔을 때 한국은 간식이 너무 무서운 거 같았어요. 점심 먹고 왔더니 과장님이 '입가심으로 계피사탕 먹을래?' 했어요. 한국 사람들 소의 피로 된 국을 먹는 거는 알았지만 개의 피까지 사탕으로 먹을 줄은 몰랐어요.

무슨 개 피로 입가심하냐고 싫다고 했더니 '그럼 눈깔사탕은 어때?' 하셨어요. 너무 놀라서 '그거 누구 거예요?' 했어요. 그랬더니 과장님 씨익 웃으면서 '내가 사장 거 몰래 빼왔어.' 했어요.

기절할 뻔했어요. 눈을 떠보니 과장님이 기력이 약해졌냐며 몸보신을 위해 내장탕을 먹자는 겁니다. 헉! 그뿐이 아닙니다. 할머니 뼈다구 해장국! 할머니 산채 비빔밥!"

5
유머에는 삶의 지혜가 담겨 있다

유머만으로 모든 문제를 해결할 수 있는 건 아니다. 하지만 유머를 구사할 수 있다면 하고자 하는 일을 훨씬 생산적으로 할 수 있다. 유머는 최강의 무기다.

"무기고에 보관된 최강의 무기인 웃음이라는 무기 없이는 누구도 대통령이라는 자리를 버텨낼 수 없다. 모든 대통령은 언젠가는 우리를 웃긴다. 어떤 대통령은 자신이 웃음거리가 되어 웃긴다."

한때 미국의 대통령 후보였던 밥 돌이 한 말이다.

"주먹을 꽉 쥐고 악수를 할 수는 없다."

이스라엘 정치인 골다 마이어가 한 말이다.

인상 쓰는 것은 감정조절을 못하는 것이다

늘 인상을 구기고 있는 사람이 있다. 이런 사람은 '나를 제발 건드리지 마시오. 접근하면 발포합니다.'라고 광고를 하고 있는 셈이다. 세상에 이런 인간을 좋아할 사람은 없다. 인상을 쓰는 것은 누구를 위해서도 도움이 안 된다. 우선 본인에게 가장 큰 손해를 끼친다. 그런 사람을 좋게 보고 가까이하려는 사람이 없기 때문이다.

인상을 쓴다는 것은 '나는 감정조절을 못 하는 사람입니다. 조금 모자란 사람이지요.'라는 사실을 알리는 것에 불과하다. 부드러운 대인관계를 위해서는 인상을 펴고 웃음을 띠고 유머를 사용해야 한다. 미소는 상대를 무장해제시킨다. 유머는 최고의 사교 도구다.

인상을 쓰고 있는 상사는 부하 직원 앞에서 파업 중인 상사이다. 자신의 불편한 심기를 온몸으로 표현하는 상사가 있다. 직원 중 한 사람의 기분이 좋지 않아도 조직 전체에 영향을 미치는데 가장 높은 사람의 기분이 좋지 않으니 성과가 날 리 없다. 그런 상사와 일하는 부하 직원은 본능적으로 이를 읽고 거기에 민감하게 대응한다. 기분이 나쁜 것 같으면 아예 접근하지 않음으로써 유탄을 피하려 한다. 인상을 쓰고 있는 상사는 그렇게 하는 것이 뭔가 도움이 될 것으로 생각하기 때문에 그러는 것이다. 하지만 불편한 마음으로는 아무리 오랫동안 일해도 성과가 나지 않는 법이다.

웃는 순간 우리는 천국에 있는 것이다

웃지 않는 것을 권위의 상징으로 생각하는 사람이 있다. 부하들 앞에서 웃는 것을 체면이 깎이는 것으로 생각하는 사람도 있다. 이런 사람들과 같이 회의하는 것은 그 자체가 고통이다. 잔뜩 찌푸린 얼굴을 하고 있으니 아무리 좋은 어젠다도 부정적으로 논의될 수밖에 없고, 모든 사람이 할 얘기를 하기보다는 어서 빨리 끝나 자유롭게 있기를 원하게 된다.

아무리 먹을 것과 좋은 옷이 많고 몸이 편안해도 웃음이 없다면 그곳은 지옥이다. 반대로 온갖 어려움이 있고 몸이 힘들어도 웃음이 넘친다면 그곳이 바로 천국이다. 인상을 쓴 채로 절대 웃지 않는 사람과 평생을 사는 것은 그 자체가 천벌이다. 반대로 재미있고 유머 넘치는 사람과 사는 것은 그 자체가 축복이다. 웃는 순간 우리는 천국에 있는 것이다.

"이 시대의 선과 악은 착하고 나쁜 것이 아니다. 지루한 것이 악이고 즐거운 것이 선이다."

아일랜드 작가 오스카 와일드가 한 말이다.

연설 도중 한 번도 웃기지 못하면 감옥에 간다고 한다면 감옥에 안 갈 정치인은 몇 명이나 있을까? 정치인들을 골든아워에 하는 토크쇼에 출연시켜 전 국민을 상대로 재치 있게 얘기를 주고받으라고 한다면 어떤 일이 일어날까? 일본 정치가가 미국에 와서 30분 동안 지루한 연설을 하자 기자들이 이렇게 얘기했다. "유머 하나 없이 30분 동안 연설하는 것은 그 자체가 죄악이다." 정말 맞는 말이다. 지루함은 그 자체가 죄악이다.

웃으면 웃을 일이 많아지고 행복해진다

"기분이 좋다고 해서 반드시 웃는 것은 아니다. 그러나 웃으면 반드시 기분이 좋아진다."

미국의 화가 밥 로스가 한 말이다.

"왜 웃지 않느냐?"라고 물어보면 "웃을 일이 있어야 웃지요." 라고 답변하는 사람이 있다. 틀린 말이다. 웃을 일이 생길 때까지 기다려보라. 웃을 일이 평생 몇 번 없을 것이다. 누군가 나타나 나를 웃겨줄 걸로 생각하는 것 자체가 이기적이고 잘못된 생각이다. 내가 잘 웃고 주변 사람을 웃기면 세상이 좀 더 좋아지지 않을까? 쉽게 웃는 사람이 좋다. 잘 웃는 사람이 아름답다. 우리는 늘 웃기 위해 만반의 준비를 하고 있어야 한다. 그러면 정말 기분이 좋아진다. 웃을 일이 많아지고 행복한 일이 자꾸 생긴다. 주변에 즐거운 사람들이 몰려든다.

"우리는 행복하기 때문에 웃는 것이 아니다. 웃기 때문에 행복해진다."

현대 심리학의 아버지 윌리엄 제임스가 한 말이다.

좋은 일이 있어 웃는다면 일주일에 한 번 웃기도 어려울 것이다. 웃어야 행복해지는 것이다. 그런 면에서 우리는 좀 더 자주 웃어야 한다. 하지만 현실은 그렇지 않다. 세계에서 가장 코미디를 하기 어려운 나라는 어디일까? 아마 대한민국일 것이다. 우리는 웃을 준비가 되어 있지 않다. 그보다는 '그 녀석들 얼마나 웃기는지 한번 보자.'라는 식으로 벼르고 있다. 그러니 무대에 선 사람들도 힘들 수밖에 없다. 어린이들이 가장 잘 웃는다. 힘들게 사는 장애인과 가난한 사람들도 의외로 잘 웃는다. 그런데 세상에 부러울 것 없어 보이는 부자들은 의외로 얼굴이 굳어 있다.

웃음이 피어나는 순간 짜증이 사라진다

"유머는 위대한 존재이며 구원의 존재이다. 웃음이 피어나는 순간 모든 짜증과 원한이 사라지고 그 자리를 따뜻한 영혼이 대신한다.”

미국 소설가 마크 트웨인이 한 말이다.

월요일 아침 근엄한 회의는 모두가 피하고 싶어 하는 시간이다. 긴장하는 이유도 모른 채 심각한 얼굴로 앉아 있기 때문이다. 내가 인상을 쓰고 있으니 상대도 인상을 쓸 수밖에 없다. 모두의 희망은 한 가지다. 빨리 이 시간이 지나갔으면 하는 것이다. 그럴 때 밝은 얼굴로 유머를 사용해 재미있게 분위기를 풀어보라. 그 자체가 선행이고 덕을 베푸는 것이다.

잘 웃지 않는 사람은 마음의 벽이 높다

“한 인간의 내면을 아주 짧은 시간 내에 알고자 한다면 그 사람의 침묵, 말, 눈물, 그리고 고매한 생각에 얼마나 좌우되는지를 굳이 분석하려 하지 마라. 그 사람의 웃는 모습을 지켜보는 것만으로도 많은 것을 알 수 있다. 잘 웃는 사람이 선한 사람이다.”

러시아의 대문호 도스토예프스키가 한 말이다.

테레사 수녀의 채용 기준은 딱 세 가지뿐이다. 잘 웃고 잘 먹고 잘 자는 사람이다. 그 사람이 웃는 것을 보면 그 사람이 어떤 사람인지 알 수 있다. 호방하게 잘 웃는 사람은 삶을 긍정적으로 보는 사람이다. 그런 사람은 자신의 삶을 행복하게 가꾸고 다른 사람도 행복하게 한다. 또 남도 잘 위로한다. 잘 웃지 않는 사람은 마음의 벽이 높은 사람이다. 자신의 문제에 몰입해 주변을 돌아볼 여유가 없는 사람이다. 뭔가 막혀 있는 사람이다. 그런 사람과 같이 있는 것은 불편하다. 쉽게 친해지기 어렵다. 웃는 모습은 의외로 많은 것을 말해준다.

유머는 스트레스와 비극을 완화한다

"유머 감각이 없는 사람은 조그만 자갈에도 휘청거리는 탄력 없는 마차와도 같다."

미국 목사 헨리 워드 비처가 한 말이다.

애들은 잘 웃고 노인은 잘 웃지 않는다. 어른이 되는 것과 심각해지는 것을 동일시하면 안 된다. 웃음을 억누르는 것이 성숙은 아니다. 젊게 살기 위해서는 잘 웃고 유머를 발휘해야 한다. 다른 사람을 바보로 만드는 것보다는 자신을 웃음거리로 만드는 것이 진정한 유머다. 유머는 중년의 고통을 치유하는 엔도르핀이다. 유머는 스트레스와 비극을 완화한다.

재미있지 않다면 인생을 허비하는 것이다

"지루함과 단조로움을 극복하는 것이 중요하다. 비즈니스는 재미있어야 한다. 그렇지 않으면 인생을 허비하는 것이다."

경영 구루 톰 피터스가 한 말이다.

웃음은 비즈니스에서도 힘을 발휘한다. 한 번도 적자가 난 적이 없는 사우스웨스트가 대표적이다. 이 회사 문화의 키워드는 유머다. 스스로 재미있어 할뿐더러 고객을 재미있게 하기 위해 애쓰기 때문에 채용에도 이를 반영한다. 이들이 채용 때 던지는 질문 중에는 이런 것이 있다고 한다. "상황을 진정시키기 위해 유머를 마지막으로 사용한 게 언제입니까?" "어떤 식의 유머를 사용했나요?"

"웃음이 있으면 고통스러운 상황도 극복할 수 있다. 어떤 대상에서든 유머를 찾아낼 수 있는 능력이 있다면 생존을 염려할 필요가 없다."

미국 코미디언 빌 코스비가 한 말이다.

인간이 위기 상황에 맞서는 데는 세 가지 방법이 있다. 맞서 싸우거나, 도망치거나, 웃는 것이다. 문제를 해결하는 것이 최선이라면 그 속에서 유머를 찾아내는 것은 차선이다. 문제를 심각하게만 보지 마라. 그 안에 숨어 있는 긍정적인 면을 찾아내라. 그리고 웃어보라. 그러면 힘이 생긴다.

"함께 웃을 때 우정의 끈이 만들어진다. 함께 웃을 때 노인과 젊은이, 교사와 학생, 사장과 직원의 구분이 사라진다. 그들은 모두 하나의 가족이 된다."

미국 영화배우이자 감독 리 그랜트가 한 말이다.

무언가 서로에 대해 불만이 있는 사람들은 웃지 않는다. 입을 쭉 내밂으로써 자신의 불만을 어떤 형태로든 표출하려 하기 때문이다. 같이 웃을 수 있다는 것은 서로를 향해 마음의 문을 열었다는 것은 의미한다. 서로를 용서했다는 의미도 된다. 같이 웃음으로써 동지애를 느끼게 된다. 같이 웃는 것이 회식을 열 번 하는 것보다 낫다.

6
웃길 수 있다면 마음의 문을 열 수 있다

당신은 웃기는 리더인가? 아니면 무서운 리더인가? 당신이 회의장에 들어가면 사람들이 웃기 시작하는가, 아니면 웃기를 멈추고 긴장하는가? 당신의 조직은 웃음이 넘치고 왁자지껄한가, 아니면 귀곡 산장 같은가? 어떤 조직을 만들고 싶은가? 웃기는 얘기를 할 때 잘 웃는가, 아니면 썩은 미소만 짓는가? 어떻게 하면 잘 웃고 즐겁고 소통하는 조직을 만들 수 있을 것인가?

조직문화가 성과에 영향을 준다는 건 이미 검증된 사실이다. 월하의 공동묘지 같은 조직에서 대단한 성과가 나오기는 쉽지 않다. 즐겁고 솔직하게 얘기를 주고받는 조직으로 만들어야 당신이 원하는 성과를 낼 수 있다. 어떻게 해야 그런 조직을 만들 수 있을까?

내가 생각하는 리더십의 정의는 사람의 마음을 움직여 조직의 목표를 달성하는 것이다. 어떻게 사람의 마음을 움직일 수 있을까? 웃길 수 있다면 문을 열 수 있고 문을 열 수 있다면 마음을 움직일 수 있다. 어떻게 하면 이렇게 할 수 있을까?

리더는 유머를 발휘할 줄 알아야 한다

당신이 괜찮은 사람이 되어야 한다. 조직문화는 전륜구동이다. 리더가 조직문화를 좌우한다. 당신의 성격과 분위기가 바로 당신의 조직문화다. 당신이 늘 긴장하고 엄숙하고 경건하면 당신 조직은 자동으로 그렇게 된다. 즐거운 조직을 만들고 싶다고? 그럼 당신이 재미있는 사람이 되면 된다. 시기적절하게 유머를 발휘하면 정말 괜찮은 조직문화를 만들 수 있다. 동기부여도 유머와 관련이 깊다. 동기부여는 내 관점이 아니라 남의 관점에서 나를 볼 수 있어야 가능하다. 내가 하는 말에 대한 상대 생각을 읽을 수 있어야 한다. 내가 생각하는 나보다 다른 사람이 나를 어떻게 생각하는지 읽을 수 있어야 한다. 내 말이 씨알도 먹히지 않는다는 사실을 인지하면 쓸데없이 3절까지 잔소리하면서 직원을 학대하지는 않는다.

유머의 핵심은 타인에 대한 존중심이다

직원을 존중할 수 있어야 한다. 당신 덕분에 직원들이 잘사는 게 아니라 직원 덕분에 당신이 리더임을 인식해야 한다. 이게 정말 중요하다. 유머의 핵심은 타인에 대한 존중심이다. 너나 나나 다 같은 인간이다. 다만 역할이 다를 뿐이라는 전제를 깔고 있어야 한다. '나와 너는 급이 달라. 난 사장이니까 넌 내 말을 듣고 움직이면 돼.'라는 생각을 하는 사람 앞에서 사람들은 웃지 않는다. 아니 웃을 수 없다. 내가 생각하는 존중은 먼저 관심을 보이고 친해지려고 노력하는 것이다.

웃음은 안전지대에서만 나온다

자신을 내려놓을 수 있어야 한다. 일단 당신의 단점, 부끄러운 점을 유머의 소재로 삼아라. 당신이 망가질수록 직원들은 즐겁고 조직은 성장할 수 있다. 웃음은 안전지대에서만 나온다. 자신을 너무 사랑하거나 세상의 중심에 자신만이 있어야 한다고 생각하는 리더는 곤란하다. 가끔 드라마에서 듣게 되는 대사가 있다. "저 그렇게 쉬운 여자 아니에요." 쉬운 여자 아니니까 사람 우습게 보지 말라는 말이다. 난 이를 비틀어 "저 쉬운 남자입니다." 라는 말을 농담으로 자주 사용한다. 근데 농담이 아니라 진심이다. 난 쉬운 남자가 되고 싶다. 쉬운 남자를 넘어 편한 남자가 되고 싶다. 집에서는 오래전에 편한 남편, 편한 아빠가 되었다.

겸손한 사람만이 웃을 줄 안다

겸손해야 한다. 겸손한 사람만이 웃을 줄 안다. 정신과 의사이자 영성지도자인 데이비드 호킨스 박사는 공개석상에 오를 때마다 자신의 약점을 공개하면서 극복했다. 이런 식이다. "저는 이 동네에서 말이 지루한 것으로 유명합니다. 솔직히 아주 짜증나실 수 있습니다." 그랬더니 청중이 웃었다. 인간적인 면모를 높이 산 것이다. 자신을 적당히 낮추는 유머는 자신을 웃음거리로 만들어도 상관없다는 자신감의 표명이다.

행복은 전염성이 강하다

내 인생이 재미있어야 한다. 내가 행복해야 한다. 내가 행복하면 직원들도 행복할 수 있다. 행복은 전염성이 강하기 때문이다. 현실은 그렇지 않다. 행복한 대한민국을 약속하는 정치인을 자주 본다. 근데 얼굴을 보면 하나도 행복해 보이지 않는다. 찌들대로 찌들었다. 탐욕으로 가득하다. 난 그런 사람을 볼 때마다 속으로 이런 생각을 한다. '우릴 행복하게 해줄 생각 말고 당신이나 행복하면 좋겠소.' 자신이 그렇게 불행해 보이는데 다른 사람을 어떻게 행복하게 해주겠다는 것일까? 불행하게 하지 않으면 다행이다. 천부당만부당한 일이다.

우리는 가진 것만 줄 수 있다. 갖지 않은 건 줄 수 없다. 사랑도 그렇고 재미도 그렇다. 내 마음에 사랑이 넘쳐야 다른 사람을 사랑할 수 있다. 내가 사는 게 재미있어야 다른 사람도 재미있게 할 수 있다. 힘을 빼는 것도 마음을 비우는 것도 그렇다. 힘을 줄 수 있어야 뺄 수 있고, 마음을 채워야 비울 수 있다. 우린 갖지 않은 건 줄 수 없다.

7
유머의 힘은 힘들 때 나타난다

유머의 원천은 슬픔이다. 영화 배우 찰리 채플린이 대표적이다. 그의 어머니와 외할머니는 모두 조현병 환자였다. 세 번의 결혼도 모두 실패로 끝났다. 첫째 부인 리타와는 두 아들을 두었지만 최악의 결혼이었다. 둘째 부인 고다드는 배우였고 함께 밀월여행을 떠났지만 이혼했다. 같은 해 셋째 부인 배리를 만났지만 결국 이혼했다. 세 번의 이혼 끝에 유진 오닐의 딸 우나 오닐을 만나 여생이나마 행복할 수 있었다.

위기 상황도 재치 있게 모면할 수 있다
어느 날 채플린이 거액의 현금을 쥐고 집에 가는 길이었다. 좁은 골목을 지나는 순간 총을 든 강도가 나타났다. 도둑은 가진 돈을 전부 내놓으라고 위협했다.

채플린은 총을 보면서 일부러 심하게 몸을 떨며 말했다. "제가 돈이 있긴 한데 사장님 돈입니다. 돈을 드릴 테니 저를 좀 도와주세요. 제 모자에 총을 두 방 쏴주시면 돌아가서 어쩔 수 없었다고 해명할 수 있을 겁니다." 강도는 그의 모자를 받아 총을 두 방 쏘았다. 채플린은 다시 자신의 바짓가랑이를 가리키며 총을 쏴달라고 부탁했다. "이렇게 해야 더 진짜 같잖아요. 여기 총알 자국을 보면 사장님도 믿지 않을 수 없을 겁니다." 강도는 짜증스러운 표정을 지으며 바짓가랑이에 대고 총을 쏘았다. 채플린은 "옷깃에도 구멍을 좀 내주세요."라고 말했다. "이런 미친놈 같으니라고. 제길!" 강도는 욕을 해대며 방아쇠를 당겼지만 총소리는 들리지 않았다.

총알이 다 떨어진 것이었다. 채플린은 재빨리 바람처럼 도망쳤다.

힘들기 때문에 더욱 유머가 필요하다

즐거워서 웃는 게 아니라 웃으니까 즐거워지는 것이다. 유머도 그렇다. 즐거우면 굳이 유머가 없어도 된다. 힘들기 때문에 더욱 절실히 유머가 필요한 것이다. 유머의 힘은 힘들 때 나타난다. 유머는 힘들 때 한 발 떨어져 상황을 보게 하고 힘든 일을 극복할 에너지를 준다. "천국에는 유머가 없다." 찰리 채플린이 한 말이다. 난 이 말을 "천국에는 유머가 필요 없다."라는 말로 바꾸고 싶다. 존재 그 자체로 행복한 천국에서 굳이 유머까지 발휘할 필요가 있냐는 것이다.

8
웃어야 성공한다

만나자마자 상대를 무장해제시키는 사람이 있다. 반대로 만나는 즉시 완전무장을 시키는 사람이 있다. 여러분은 어떤 사람과 같이 일하고 싶은가? 웃음은 바로 상대를 무장해제시키는 도구이다. 웃음은 결심이다. 웃음은 훈련이다. 웃을수록 더 많이 웃을 수 있다. 웃음이 바로 성공이다.*

회사에서 잘나가던 사람이 어느 날 경쟁에서 밀려 구조조정을 당했다. 그는 회사에서의 성공에 모든 것을 걸었던 사람이다. 친구도, 가정도, 자신의 건강도 무시한 채 회사에 올인했는데 잘

---

* 임봉영 저서의 『아버지의 웃음』을 요약함

린 것이다. 배신감과 분함을 삭이지 못해 세상 모든 것을 비난했고 결국 이혼까지 당한다. 극도의 절망 끝에 우연히 시골에서 홀로 사시는 아버지를 찾아가게 된다. 아버지는 아주 지혜로운 사람이었다. 며칠간 아버지와 지내면서 상처받은 아들은 새로운 희망과 용기를 찾았다. 어떻게 그런 상처를 극복할 수 있었을까?

급하게 살다 보면 중요한 것을 놓친다

가끔은 삶을 돌아보고 반성하고 복습해야 한다. 내가 제대로 살고 있는지, 그렇지 못하다면 어떻게 해야 하는지, 이 삶이 정말 내가 원하는 삶인지, 삶의 균형은 잡혀 있는지, 급한 일에 쫓겨 정말 소중한 일을 놓치고 있는 것은 아닌지 돌아볼 수 있어야 삶에서 중요한 것을 놓치지 않을 수 있다.

얼마 전 대장암 수술한 친구가 이런 얘기를 했다. "예상치 못한 암 때문에 고생도 했지만 암 덕분에 얻은 것도 많다네. 무엇보다 정신없이 달려오던 삶을 돌아볼 수 있었고 내게 정말 중요한 것이 무엇인지 생각할 수 있었다네. 예전에는 정말 중요했다고 생각했던 것들이 죽음을 앞에 두니 별것 아니더라니까. 그래서 거의 잃을 뻔한 가정도 되찾을 수 있었어. 요즘 집사람이 얼마나 좋아하는지 몰라."

우리는 너무 급하게 살아서 정말 중요한 것을 놓친다. 급한 것은 대부분 중요하지 않다. 반대로 중요한 것은 대개 급하지 않다.

고난의 긍정적인 면을 볼 수 있어야 한다

한 번의 실패로 인생이 끝나는 것은 아니다. 회사에서 잘렸다는 이유로 완전히 풀이 죽은 아들에게 아버지는 이렇게 얘기했다. "농사꾼은 가뭄을 피하고 싶은 상황으로 생각하지만 반드시 그렇지는 않단다. 특히 5월의 가뭄은 돈으로도 살 수 없지. 지난해는 유난히 비가 많더니 고춧대가 하늘 높은 줄 모르고 솟았단다. 그런데 태풍 한 번 지나고 나니 남는 게 없더라. 오히려 적당히 가문 땅에서 자란 키 작은 줄기의 고추가 태풍에는 더 강하단다. 이 시련의 기간이 네게 5월의 가뭄 같은 기회가 되어야 한다." 그렇다. 고난은 사람을 강하게 만든다. 겸손하게 만든다. 잔잔한 바다에서는 좋은 뱃사공이 만들어지지 않는다. 고난의 긍정적인 면을 볼 수 있어야 한다.

잡생각을 버리고 현재에 집중해야 한다

현재에 집중해야 한다. 아버지와 아들은 더덕을 캐러 갔다. 그런데 아들은 한 뿌리도 못 캤는데 아버지는 순식간에 열 뿌리를 찾아냈다. 아버지는 놀란 아들에게 이렇게 얘기했다. "그건 쉽게 캔 것이 아니라 집중한 게야. 산에 있을 때는 산에 집중해라. 논에서 일할 때는 논에 집중하고. 친구를 만날 때는 친구에게, 술자리에선 막걸리에."

그러고 보니 자신은 한 번도 현재에 집중한 적이 없었다. 늘 온갖 잡생각으로 머릿속이 가득 차 있었다. 회사에선 바쁘다는 핑계로 건성건성 지내고 집에선 회사가 바쁘고 피곤하다는 이유로 아내와 가족에게 집중하지 못했다. 몸과 마음이 따로국밥이니 어디서나 제대로 성과를 낼 수도 없었고 인정도 받지 못했다.

아버지가 아들에게 이렇게 질문했다. "사람에게는 누구나 머리가 가리키는 방향과 마음이 가리키는 방향이 있다. 대부분 사람은 혼자 있을 때는 마음의 가르침을 따르고, 밖에 나가서는 머리가 가르치는 대로 행동하지. 현명한 사람일수록 혼자 있을 때나 여럿이 함께할 때나 마음의 가르침을 따른단다. 마음이 머리를 이겨야 하는 것이지. 그렇게 마음으로 사는 사람이 성공한다. 그런데 마음이 이기려면 굳게 걸어 잠근 마음의 문을 열 열쇠가 필요하다. 그것을 찾아야 한다."

그 열쇠가 과연 무엇일까? 명예, 돈, 건강, 자신감? 바로 웃음이다.

성공한 사람 중 우거지상은 없다

성공한 사람들을 잘 보라. 그들은 잘 웃는다. 성공한 사람 중 우거지상인 사람은 없다. 성공해서 웃는 것이 아니라 웃기 때문에 성공하는 것이다. 웃는다는 게 뭘까? 어떤 상황이건 즐긴다는 것이다. 어떤 일이건 좋은 것을 먼저 본다는 것이다. 이 세상에 그 무엇도 우리를 괴롭히지 못한다. 우리를 괴롭히는 건 바로 우리 자신이다. 그럼에도 불구하고 왜 웃음에 인색한 것일까? 욕심 때문이다. 현재에 쉽게 만족을 못하기 때문이다. 다른 사람과 비교하기 때문이다. 생각이 너무 많기 때문이다. 모든 것에 신경 쓰다 보니 힘을 낭비하게 되는 것이다.

아들이 마지막으로 회사를 나올 때 상사가 이런 말을 했다. "자네는 얼굴이 너무 어두워. 그래서 어디 좋은 일이 생기겠나? 사람들이 모여들겠나? 제발 얼굴 좀 펴게……." 아들은 비로소 깨달았다. 그리고 자신을 용서하고 그동안 미워했던 사람들을 용서했다. 현재 가진 것에 눈을 돌리게 되고 만족하게 됐다. 잃었던 웃음을 찾았다. 그러면서 새로 시작한 사업도 살아나고 가정도 되찾게 됐다.

9
유머 경영이 조직 문화를 바꾼다

대기업 김 사장은 얼굴은 동안인데 대머리다. 그는 늘 자신의 대머리를 유머의 소재로 삼아 주변 사람들을 즐겁게 한다. 이런 식이다. "제가 골프장엘 가면 캐디가 세 번 놀랍니다. 화려한 복장에 우선 놀라고, 고급스러운 클럽에 놀랍니다. 마지막으로 제가 모자를 벗는 순간 놀란답니다." 사장이라는 권위 앞에서 긴장하고 있던 사람들은 포복절도한다.

또 자신의 왜소한 체구를 빗대어 덩치 큰 사람들을 놀린다. "세상에는 두 종류의 인간이 존재합니다. 에너지 소비형과 에너지 절약형입니다. 덩치가 커서 많이 먹고 많이 배출하는 인간은 다소비형입니다. 그렇다고 일을 잘하고 기여를 많이 하는 것은 아니지요. 저 같은 사람은 효율성 측면에서 뛰어납니다. 우리 회사에서는 김 이사와 박 상무가 대표적인 에너지 소비형입니다." 재미난 표정으로 그들을 놀리는데 다들 좋아한다.

놀리는 사람도 놀림을 당하는 사람도 모두 즐거워한다. 그런 그를 주책없다고 생각하지 않는다. 오히려 그에 대한 애정이 생기고 우러러 보게 된다.

유머는 조직 간 충돌도 부드럽게 풀어준다

그는 첨예한 이해관계로 조직 간 충돌이 예상될 때마다 그런 식의 유머를 사용하여 사람들의 긴장을 풀고 절묘하게 회의를 끌어간다.

최 상무는 기회만 되면 재미있는 얘기를 하려고 노력한다. 한번은 어려워진 회사 경영 때문에 비상 임원회의가 열렸는데 거기 참석한 후 우리에게 다음과 같이 회의의 결과를 얘기했다.

"임원회의가 무겁게 진행됐고 회사를 살리기 위한 여러 대안이 나왔어. 월급을 깎자, 상여금을 반납하자, 휴일에 나오자 등등. 그때 내가 손을 들고 이런 제안을 했지. '회사가 이렇게 어려운데 그 정도 해서 되겠습니까? 집에 있는 집문서나 땅문서 등 담보가 될 만한 것은 모두 제출하고 그것으로 은행융자를 받아

회사 빚을 조금이라도 갚읍시다. 그래서 우선 숨통을 트고…….'
순간 다른 임원들은 당황하는 빛이 역력하더군."

　애길 듣던 내가 왜 그런 황당한 제안을 했느냐고 물었더니 그
는 이렇게 답변했다. "그 당시 나는 돈이 없어 자가가 아니라 전
세에 살고 있었거든." 자신은 내놓을 게 없으니 자신 있게 제안
했다는 것이다.

　나를 포함한 주변 사람들이 폭소를 터뜨렸다. 그 얘기를 들을
당시는 노사분규로 분위기가 몹시 살벌했지만 상사가 그런 얘기
를 함으로써 부드럽게 회의가 진행됐고 오히려 좋은 제안이 나
왔다. 오랜 시간이 지났지만 아직 그 일이 생생하게 기억난다.

　유머와 웃음의 중요성은 아무리 강조해도 지나치지 않다. 유
머는 압력밥솥의 안전밸브 역할을 한다. 안전밸브 없이 계속 압
력을 높이면 밥솥은 폭발할 수밖에 없다. 사람도 마찬가지다. 단
기적으로는 압력을 받고 긴장해야 일을 잘하지만 계속 스트레스
를 받으면 더 이상 효과가 나지 않는다. 그렇기 때문에 주기적으
로 이런 긴장과 압력을 풀어야 하는데 유머가 바로 이런 역할을
하는 것이다.

유머는 인간관계에서 윤활유 역할을 한다

기계와 기계가 맞물려 돌아갈 때 삐걱대는 소리가 나는데 유머가 없는 사람도 그렇다. 그런 의미에서 유머는 최고의 사교 도구다. 유머는 호감을 불러일으킨다. 세상에 인상을 쓰고 있는 사람을 좋아하는 사람은 없다. 호감이란 강요할 수 없다. 그것은 저절로 생겨나는 것이다. 유머는 호감을 불러일으키는 데 최고의 도구다.

유머의 이니셔티브는 상사가 갖고 있다

엄숙하고 경건한 상사 앞에서 유머를 사용하는 직원은 없다. 글로벌 기업의 임원들은 주기적으로 부하 직원 앞에서 자신들의 망가지는 모습을 보여준다. 그런 것이 정례화된 기업도 있다. 상사의 망가지는 모습을 보며 직원들은 즐거워한다. 그런다고 권위가 훼손되기는커녕 상사에게 친밀감을 느끼게 된다. 자신을 희화화할 수 있는 개인과 조직은 건강한 조직이다. 자신을 희화화하는 것에 신경질적인 반응을 보이는 개인과 조직은 그것이 사실이기 때문에 그런 반응을 보인다. 반대로 스스로 또는 누군가 자신을 풍자하는 것을 보고 웃을 수 있는 개인과 조직은 그만큼 자신감이 있고 자신을 객관적으로 볼 수 있다.

유머 경영은 조직 문화를 바꾸기 위한 하나의 방법이다. 유머 경영은 조직 구성원이 서로를 알아야 가능하다. 서로를 알아야 유머를 사용할 수 있고 유머가 작동한다. 유머는 여유로움이다. 사소한 것에 목숨 걸지 않고 사건을 한 발짝 떨어져 볼 수 있는 여유를 의미한다. "우리는 항로를 벗어났다. 하지만 그러면 좀 어떤가?"라고 널널하게 생각하는 태도다. 마음의 문을 열고, 서로 알려 하고, 여유를 갖고, 웃기려고 노력하고, 쉽게 웃으면서 분위기를 부드럽게 하는 것이 생산성을 올리는 첩경이다.

2장

유머의 법칙 18

Humor

1
유머의 법칙 1: 기대를 뒤집어라

비만은 질병이니 치료가 불가능하다고 하면서 비만에 대해 암울한 얘기만 잔뜩 하던 사람이 이렇게 얘기했다. "제가 지금까지 너무 암울한 얘기만 했지요. 앞으로는 더 암울한 얘기를 하겠습니다." 그러자 사람들이 깔깔거리며 뒤집어졌다. 왜일까? 사람들의 기대를 완전히 뒤집었기 때문이다.

유명 강사 김정운 교수도 이 방법을 자주 사용한다. 그는 늘 강의 초반에 자기에 대한 소개를 이런 식으로 한다. "세상에서 가장 재수 없는 사람이 누구인지 아시죠? 맞습니다. 잘난 척하는 사람입니다. 더 재수 없는 사람은 누굴까요? 그렇습니다. 잘난 사람이 잘난 척하는 겁니다. 앞으로 강의 내내 제가 그럴 겁니다. 아마 견디기 힘들 겁니다. 그래도 견뎌야 합니다. 강의 내내 제 잘난 얘기를 할 겁니다." 뭔가 겸손한 말을 할 걸로 기대했던 사람들은 웃느라 뒤집어진다. 기대를 뒤집어 사람들을 웃게 하는 건 유머의 기초다. 여기에 해당하는 유머 세 가지를 소개한다.

공처가가 앞치마를 빨다가 친구에게 들키자 시치미를 뚝 떼며 이렇게 말했다. "이 사람아 내가 마누라 앞치마나 빨 사람으로 보이나. 이건 내 앞치마일세."

수박 장수의 트럭이 고속도로를 신나게 달렸다. 근데 경찰차 사이렌 소리가 들린다. 깜짝 놀란 수박 장수는 더 빨리 달렸다. 시소게임을 하다 결국 트럭을 세웠는데 차에서 내린 경찰관이 이렇게 말했다. "아저씨! 수박 한 덩이만 주세요! 근데 왜 이렇게 빨리 달려요!"

풍선에 바람을 세게 넣을수록 바늘로 찔렀을 때 소리가 크게 난다. 유머도 마찬가지다. 기대를 더 크게 갖게 할수록 반전의 효과가 커진다. 기대를 만드는 것을 셋업set-up, 마지막 반전을 편치punch라고 한다. 분위기를 잡다가 한 방 먹이는 것이다.

고소장

우리는 흔히 "인물이 밥 먹여 주냐?"라고 얘기한다. '인물은 별

거 아니다.' '인물이 좋은 사람은 인물값 한다.'라는 고정관념에서 나온 말이다. 근데 모 연예인 팬클럽에서 팬들이 쓴 글은 그런 기대를 뒤집는다. 두 가지만 소개한다.

"미남 얼굴이 밥 먹여 주냐고요? 무슨 소립니까? 내가 미남에게 밥을 먹여줄 겁니다."

"고소장!! 나랑 결혼도 안 해줄 거면서 날 보고 살짝 웃었기 때문에 고소합니다(단, 혼인 신고 시 고소 취하)."

칙령을 철회한 이유

헨리 3세 시대에 일부 귀족들이 황금과 휘황한 보석으로 치장하는 등 사치 풍조가 만연했다. 헨리 3세는 국민 담화를 통해 검소한 생활을 할 것을 지시했으나 효과가 없자 칙령 밑에 '다만 매춘부와 도둑은 이 칙령을 지키지 않아도 된다.'라는 부칙을 달았다. 사치를 일삼는 자는 매춘부나 도둑과 같다는 말이다. 품위와 인격을 소중히 여기는 영국 사람에게 자극을 주기 위함이다.

발표된 다음 날부터 눈에 띄게 복장이 검소해졌다. 그런데 이 칙령은 얼마 안 가 폐지된다. 헨리 3세의 새 왕비가 프랑스 귀족 출신으로 이런 상황도 모르고 온갖 보석으로 몸을 휘감고 나타났기 때문이었다.

난 항상 서서 들었거든요

마크 트웨인이 어느 시골로 강연을 갔는데 수염이 많이 자라 그 마을 이발소에 들렀다. 이발사는 낯선 외지인에게 말을 걸었다. "이 마을 분이 아닌 것 같은데……." "예, 저는 이 마을에 처음 왔습니다." "그러시군요. 혹시 오늘 저녁에 마크 트웨인이라는 작가가 와서 강연한다는데 거기 가실 겁니까?" "예." "그럼 입장권을 사셔야 하는데 아마 지금은 다 팔렸을 겁니다. 강연을 서서 들으셔야겠네요." "괜찮습니다. 저는 그 사람 강연은 항상 서서 들었거든요."

기발한 광고

서머싯 몸이 무명 시절 책 출간을 하게 되자 다음 내용으로 신문사에 구혼 광고를 냈다.

"마음씨 착한 여성을 공개적으로 찾습니다. 저는 신체와 정신이 두루 건강한 백만장자 젊은이로서 평생을 함께할 여성을 찾습니다. 제가 바라는 여성은 요즘 출간된 서머싯 몸의 소설 속에 나오는 여자 주인공과 닮아야 합니다. 자신이 몸의 소설 속에 나오는 여자 주인공과 비슷하다고 생각한다면 즉시 연락을 주시기 바랍니다."

이 내용이 신문에 실리자 모든 서점이 서머싯 몸의 소설을 사려는 여성들로 북적거렸다.

2
유머의 법칙 2: 동심을 자극하라

유머가 하나의 책이라면 그 책의 한 챕터는 동심이다. 아이들은 자연 그대로다. 인간이 어떤 존재라는 걸 그대로 드러낸다. 그렇기 때문에 웃느라 포복절도하는 일이 흔하다. 아이들이 하는 얘기를 들으면 아이들이 바로 천사라는 생각이 든다.

현재는 종영된 「전파견문록」이라는 TV 프로가 있었는데 아이들이 힌트를 주고 어른들이 단어를 맞히는 게임이다. 아이들의 눈에 비친 세상을 알 수 있다. 그중 기발한 내용 몇 가지를 소개한다. 여러분도 한번 맞혀보라.

1. 아빠가 출장을 가도 계속 남아 있는 거예요.

2. 이건 아래랑 위가 바뀌면 안 돼요.

3. 네모 안에 사람이 있어요.

4. 큰 건 엄마가 갖고 작은 건 내가 가져요.

5. 엄마랑 목욕하면 이걸 꼭 해야 해요.

6. 엄마는 자기 걸 안 쓰고 내 걸 많이 써요.

7. 작지만 들어 있을 건 다 들어 있어요.

8. 여기 있는 글자는 읽기 힘들어요.

9. 아빠가 일어나면 엄마가 책을 봐요.

10. 맨날 맛있다고 하고 맛없다는 사람은 아무도 없어요.

11. 차에 친구가 안 타면 안 탔다고 소리치는 거예요.

12. 내가 주인공이 되면 창피해요.

13. 이 사람은 물에 들어갔다 나와도 절대 옷이 안 젖어요.

14. 엄마는 놀라고 아빠는 눌러요.

정답 1. 걱정 2. 인어공주 3. 신호등 4. 세뱃돈 5. 만세 6. 이름
7. 씨앗 8. 도장 9. 노래방 10. 광고 11. 우정 12. 낙서 13. 산신
령 14. 바퀴벌레

정말 기발하지 않은가? 뭐가 가장 마음에 드는가? 이 중 몇 개

나 맞췄는가?

다음은 미국 초등학교 시험지의 질문이다.

1. 나폴레옹은 어느 전투에서 죽었나?

2. 이혼의 주된 이유는?

3. 아침에 절대 먹을 수 없는 건?

정답: 1. 마지막 전투 2. 결혼 3. 점심과 저녁

초등학생들의 기발한 답변도 소개한다.

1. 제일 좋아하는 시간은?

　쉬는 시간

2. 화장실에서 문을 열기 전에 할 일은?

　지퍼를 내린다.

3. 친구가 그림대회에서 상을 받았을 때 해주는 말은?

　꼴에

4. 쌀, 보리, 콩, 팥을 살 수 있는 가게는?

　이마트

5. 숨바꼭질에서 오랫동안 못 찾을 때 하는 말은?

　얘들아, 집에 가자.

6. 부모님은 왜 우리를 사랑할까?

　그러게 말입니다.

포기

　한 엄마가 아이를 옆에 끼고 공부를 가르쳤는데 기대만큼 성적이 오르지 않았다. 어느 날 답답해진 엄마가 아이에게 화를 냈다. "나는 네 공부를 위해 좋아하는 드라마도 포기하고 이렇게 희생을 하는데 너는 어쩌면 그 모양이니?" 그러자 아이는 엄마에게 미안해하며 이렇게 대답했다. "엄마, 드라마 포기하지 마세요. 제가 공부를 포기하면 되잖아요."

　화장대 앞에 앉아 얼굴에 콜드크림을 골고루 펴 바르고 있는 엄마를 보고 있던 아이가 궁금한 듯 물었다. "엄마, 뭐 하는 거야?" "응, 엄마가 예뻐지기 위해서 하는 거야." 잠시 후 엄마가 화장지로 얼굴의 콜드크림을 닦자 아이가 말했다. "엄마, 왜 닦아? 벌써 포기하는 거야?"

장래희망

실직한 아빠가 유치원에서 돌아온 아들에게 풀 죽은 목소리로 물었다. "너는 커서 뭐가 되고 싶니?" 아들은 호기롭게 "대통령!"이라고 답했다. 아빠는 신이 나서 "네가 대통령이 되면 아빠는 뭘 시켜줄 건데?"라고 물었다. 아들이 재빨리 말했다. "탕수육이요."

이모에게 커서 뭐가 되고 싶은지 질문을 받은 아이가 이모에게 물었다. "이모는 커서 뭐가 될 거야?" 이모가 우습다는 듯 말했다. "이모는 다 컸어." 아이는 여전히 궁금해하며 다시 물었다. "그럼 이모는 뭐가 된 거야?"

관찰력

비행기에서 서비스 음료를 제공하는 모습을 본 네 살 아이가 아빠에게 얘기했다. "아빠, 여긴 정말 장사가 잘된다."

어린아이가 엄마에게 물었다. "엄마, 왜 아빠는 머리카락이 없어?" 엄마가 대답했다. "응, 그건 말이야. 아빠가 너무 머리를 많이 써서 그래." 그러자 아이가 엄마를 보며 다시 물었다. "근데 왜 엄마는 머리가 많아?"

수업 시간

얼마 전 시골에서 올라온 학생은 백일장에 한 번도 나가본 적이 없었다. 어느 날 선생님이 백일장에 나가본 경험이 있는 사람은 손을 들라고 얘기했다. 그러자 시골에서 올라온 학생이 이렇게 말했다. "선생님 백일장이 아니라 오일장이래요."

초등학교 국어시간에 선생님이 학생들에게 비유법에 관해 설명했다. "예를 들면 '우리 담임 선생님은 김태희처럼 예쁘다.'는 바로 비유법이에요." 그러자 한 학생이 손을 번쩍 들고 말했다. "선생님, 제가 알기로 그건 과장법인데요?"

동시

마지막으로 김용택 시인의 강의에서 들은 동시를 소개한다.

쥐

(2학년 서창우)

쥐는 나쁜 놈이다
먹을 것을 살짝살짝 다 가져간다
그러다 쥐약 먹고 죽는다

중간고사

(5학년 임채훈)

오늘은 시험 보는 날

나는 죽었네

나는 죽었어

왜냐하면 꼴등을 할 테니 나는 죽었네

3
유머의 법칙 3: 반전을 활용하라

사람은 누구나 고정관념과 선입견이 있다. "며느리는 그럴 것이다." 혹은 "성공한 사람은 그렇게 행동할 것이다." 같은 기대가 있다. 그것과 반대로 행동할 때 사람들은 웃는다. 그게 반전이다. 반전은 웃음의 가장 큰 원천이다. 몇 가지 유머를 소개한다.

한국에 모신 이유
부부가 시어머니를 모시고 이스라엘 종교 순례에 나섰다. 근데 예루살렘 방문 중 갑자기 시어머니가 심장마비로 돌아가셨다. 부부는 장례를 어디서 할 것인지 고민하면서 설왕설래했다. 남편을 비롯해 주변 사람들은 모두 한국까지 가기에는 시간이 너무 많이 걸릴뿐더러 시어머니가 예루살렘을 너무 좋아하셨으니 여기서 장례를 모시고 예루살렘에 묻자고 제안했는데 며느리가 결사반대했다. 평소 자기주장이 센 사람이 아닌데 이상하게 시어머니 장례 문제는 절대 양보하려 하지 않았다. 할 수 없이 시신을 한국으로 들여와 장례를 성대하게 치렀다.

장례를 잘 마친 후 고마웠던 남편이 왜 그렇게 한국행을 고집했는지 아내에게 물었다. 과연 아내가 뭐라고 했을까? "여보, 예루살렘은 예수님이 부활한 곳이잖아. 혹시 시어머니가 부활하면 어떡해!"

고집불통의 원칙

제1법칙: 세상에는 생각보다 훨씬 많은 고집불통이 존재한다.

제2법칙: 세상에는 생각보다 훨씬 많은 고집불통이 사회 요직을 차지하고 있다.

제3법칙: 세상에는 생각보다 훨씬 가까이 고집불통들이 존재한다.

제4법칙: 세상에는 생각보다 훨씬 많은 사람이 자신이 고집불통임을 모르고 산다.

개가 웃을 일

김대중 대통령이 노벨평화상을 받게 되자 어떤 정치인이 속이 뒤틀려 "지나가는 개도 웃을 일"이라고 했다. 그 말을 들은 한승헌 변호사가 이렇게 응수했다. "웬만한 일이면 사람들만 웃었을 텐데 얼마나 기쁜 일이면 개까지 웃겠는가." 멋진 대응이다.*

영화로 만들 수 없는 이유

『마지막 강연』의 저자 랜디 포시 교수는 자신의 이야기를 영화화할 의향이 없느냐는 질문에 이렇게 답했다. "내 이야기를 영화로 만들 수는 없습니다. 아내 역을 맡을 만큼 예쁜 배우가 없기 때문입니다."

부인이 미장원에서 머리를 자르고 오자 남편이 누구 맘대로 머리를 자르느냐고 화를 벌컥 냈다. 그러자 부인이 당신은 누구 허락받고 대머리가 됐느냐고 대꾸했다.

---

* 김찬호의 저서 『유머니즘』 중에서

나이가 들면 좋은 점

목사님이 설교 중에 교인들에게 물었다. "성도님들 중에 단 한 명도 미워하는 사람이 없는 분 손들어보세요." 아무도 손을 들지 않는데 91세 할머니가 조용히 손을 들었다. 목사가 흥분해서 말했다. "여러분, 바로 저 할머님이 하나님의 사랑을 진정으로 실천하는 분입니다!"

그러자 할머니가 말했다. "여럿 있었는데 다 죽었어."

동안과 방부제

아주 젊어 보이는 사람에게 동안의 비결을 물었다. '그렇지 않다.' '당신이 더 젊어 보인다.'라는 등 겸손의 반응을 기대했다. 근데 그 사람은 이렇게 말했다. "저 방부제 먹어요."

알겠다, 오바!

예전에 「웃으면 좋아요」란 프로그램을 녹화하는데 최형만이 계속 혼자 안 어울리는 오버를 하고 있었다. 선배도 많고 화를 내면 스튜디오 분위기가 가라앉을 것 같아 저자는 최형만에게 오버하지 말라고 점잖게 얘기했다. 그런데도 최형만이 계속 오버를 하기에 결국 화가 나서 소리쳤다.

"야, 인마! 오버하지 말랬잖아!" 한순간 스튜디오 분위기가 급랭했다. 그때 최형만이 재치 있게 대꾸했다. "알겠다, 오바!" 온 스튜디오가 웃음바다가 되었고 그 후 녹화는 매우 순조롭게 진행되었다. 그런 재치에 관한 유머를 소개한다.

8만 리와 800리

도산 안창호 선생이 배재학당에 입학하기 위해 미국인 선교사 앞에서 구술시험을 치렀다. 선교사가 물었다. "어디에서 왔는가?" "평양에서 왔습니다." "평양이 여기서 얼마나 되나?" "800리쯤 됩니다." "그런데 평양에서 공부하지 않고 왜 먼 서울까지 왔는가?" 그러자 도산이 선교사의 눈을 응시하며 반문했다. "미국은 서울에서 몇 리입니까?" "8만 리쯤 되지." "8만 리 밖에서도 가르쳐주러 왔는데 겨우 800리 거리를 찾아오지 못할 이유가 무엇입니까?" 선교사들이 지구의 반 바퀴를 돌아 서울까지 온 이유가 있듯이 자기에게도 배움을 위해 집을 떠나온 분명하고도 절박한 이유가 있다는 뜻이었다.

도산은 배재학당에 합격했다. 불과 열네 살에 당당하고 재치 있게 답변을 했던 도산이 훗날 민족의 지도자가 된 것은 너무나 당연한 일이다.

예언자

1461년부터 22년 동안 왕위를 차지했던 프랑스의 루이 11세는 불길한 예언으로 백성을 혼란하게 하는 예언자들을 처형하라고 명령했다. 당시 가장 유명한 예언자가 잡혀 왔다. 루이 11세는 그를 친히 심문했다. "네가 최고의 예언자가 맞는다면 네 운명도 한번 맞춰보아라. 너는 언제까지 살 것 같으냐?" 그러자 예언자가 대답했다. "예, 폐하. 날짜를 정확하게 아는 것은 불가능하오나 제가 폐하보다 3일 일찍 죽는다는 것만은 분명합니다." 그 예언자는 살았을까 죽었을까?

주례를 사랑하는가?

주례를 처음 보는 사람이 한 달 전부터 연습한 뒤 예식장에 갔다. 그런데 너무 예쁜 신부를 본 순간 머릿속이 하얘지더니 할 말을 다 까먹고 말았다. 그는 허둥대다 이렇게 말하고 말았다. "신부는 죽을 때까지 이 주례를 사랑하겠는가?" 하객들이 웃음을 터뜨리자 주례는 퍼뜩 정신을 차리고 재치 있게 이어서 한마디 덧붙였다. "보십시오. 신부는 대답을 안 했습니다. 이는 오직 신랑만을 사랑하겠다는 뜻입니다."

신랑은 애꾸눈

신혼여행에서 돌아오는 비행기 안에서 신랑이 신부에게 말했다. "난 사실 한쪽 눈이 보이지 않는 불구요." 신부가 깜짝 놀라며 따졌다. "왜 그런 얘기를 진즉 하지 않았어요? 이 결혼은 사기예요. 당장 소송을 하겠어요." "내가 당신에게 보낸 첫 연애편지에 그걸 밝혔소." 집에 돌아온 신부는 신랑에게 받은 연애편지를 모두 꺼내 맨 처음 받았던 편지를 찾아냈다. 그 편지의 첫 구절에는 이렇게 쓰여 있었다.

'난 당신에게 한눈에 반했소!'

4
유머의 법칙 4: 솔직함을 깔아라

스스로를 잘 알고 있을까? 우리가 하는 얘기가 다 진실일까? 그럴 수도 있겠지만 그렇지 않은 경우도 많다. 대표적인 것이 우리의 욕망과 욕구다. 욕망과 욕구에서 대표적인 것은 돈에 대한 것이다. 세상에 돈을 싫어하는 사람은 없겠지만 노골적으로 돈을 밝히는 사람도 별로 없다. "돈이 문제가 아니다."라는 말을 자주 하는 사람이 있다. 그럴 때마다 난 속으로 '그럼 뭐가 문제인데?'라는 말을 한다.

내가 생각하는 그 사람의 진심은 바로 돈이다. 돈이 문제이지만 차마 그 말을 못 하고 돌려 말하는 것이다. 한때 재건축을 앞둔 모 아파트 앞에 걸려 있던 슬로건이 그 사례다. '돈도 필요 없다. 인간답게 살고 싶다.'라는 것인데 난 '우리 아파트는 인간답게 사는 것보다 돈이 훨씬 더 필요하다.'라고 읽었다. 이게 나만의 생각일까? 유머는 이런 위선을 슬쩍 지적할 때 효용성이 있다.

돈에 대한 위선적인 태도의 사례는 차고도 넘친다. 한 남편이 아내에게 "천석꾼은 천 가지 걱정, 만석꾼은 만 가지 걱정을 한다잖아. 그래서 대부분 부자는 수면제를 먹어야만 잠을 잔대. 근데 우리는 돈이 없으니 잠도 잘 자고 얼마나 좋아?"라고 말을 건넸다. 그러자 아내가 이렇게 말했다. "잠을 못 자도 좋으니 제발 부자가 돼봤으면 소원이 없겠네."

유머의 핵심은 솔직함이다. 모두 그렇게 생각하고 있었지만 차마 얘기를 못 한 걸 누군가 얘기할 때 사람들은 웃는다. 반대로 거짓이나 위선 앞에서는 웃음이 나오지 않는다. 만약 웃는다 해도 그건 억지웃음이다. 솔직함이 밑에 깔린 유머를 소개한다.

기도를 들으셔야 하는 분

철수가 방문을 닫아걸고 큰 소리로 기도하고 있었다. "하나님! 우리 아빠가 저에게 자전거를 사주도록 해주세요!" 그때 방 앞을 지나가시던 할머니가 물으셨다. "얘야, 무슨 일이냐? 왜 그렇게 큰 소리로 기도하니? 하나님은 귀먹지 않으셨단 말이야." 그러자 철수가 큰 소리로 대답했다. "하나님은 들으시는데 우리 아빠가 못 들으실까 봐요!"

아무나 되는 대통령

포드가 대통령이 되자 어느 민주당 국회의원은 공식 석상에서 이렇게 말했다. "여러분, 나는 어렸을 때 대통령은 아무나 될 수 있다는 얘기를 자주 들었습니다. 나는 이제 그 말이 진실이라는 것을 깨달았습니다."

다 우리 잘못이다

배우 출신의 레이건이 대통령에 당선되자 할리우드의 한 거물 제작자가 이렇게 얘기하며 비통해했다. "이 지경이 된 것은 우리 영화인들의 책임이야. 우리가 진즉 레이건에게 좀 그럴듯한 배역을 맡겨주었으면 이런 일은 없었을 건데."

모두 다 미디엄

아주 바쁜 식당에서 웨이트리스가 정신없이 주문받았다. 웰던, 미디엄, 레어 등등 그 많은 옵션을 어떻게 외울까 신기했던 손님이 궁금증을 이기지 못해 질문을 했다. "어떻게 그것을 다 외우니까?" "듣기는 다 듣지만 전부 다 미디엄으로 주문을 넣어요."

두 얼굴의 사나이

버스에서 뒷좌석에 앉은 남자의 휴대폰이 울리자 그가 신경질적으로 혼잣말했다. "아, 이 새끼, 왜 전화하지?" 전화를 받은 그의 말투는 완전 딴판이었다. "네. 팀장님, 무슨 일이세요?"

이건 몰랐지?

한 노인이 몇 년간 귀가 안 들려 고생하다가 의사를 찾았다. 의사는 귀에 쏙 들어가는 신형 보청기를 주며 사용해보고 한 달 후 다시 찾아오시라고 했다. 한 달이 지나고 노인이 의사를 찾아왔다. "어떠세요?" "아주 잘 들립니다." "축하합니다. 가족분들도 좋아하시죠?" "자식들에겐 이야기 안 했지요. 여기저기 왔다 갔다 하며 그냥 대화 내용을 듣고 있어요. 그리고 그동안 유언장을 세 번 고쳤다우."*

많이 닮은 것 같은데

---

* 송길원의 저서 『죽음이 배꼽을 잡다』 중에서

다소 통통한 캐디가 날씬하던 시절의 사진을 카트에 붙여놓았다. 한창 라운딩을 하던 내가 물었다. "근데 이 사진 누구 거예요?" 그러자 캐디가 "왜 그러세요?"라며 물었다. 난 "많이 닮은 것 같아서요."라고 말했다. 그녀는 웃음을 터뜨렸다. 자기가 봐도 옛날 사진과 지금의 모습이 너무 달랐기 때문이다.

먹지도 않으면서 왜 죽여요?

식인종 지도자가 처음 영국에 가서 기자들에게 어떻게 사람을 먹을 수 있느냐는 질문을 많이 받고 참으로 곤란해했다. 얼마 후 제1차 세계대전이 일어나자 그가 기자회견을 했다. "나는 도저히 이해할 수 없어요. 먹지도 않으면서 왜 이렇게 사람을 많이 죽입니까?"

누구에게나 다음 칸이 있다

어디선가 들은 얘기다.

제가 지하철에서 본 너무나도 황당한 아저씨 이야기입니다. 그날도 집에 가려고 지하철 1호선을 탔어요. 신도림쯤이었던 것 같은데 어떤 아저씨가 가방을 들고 탔어요. 왠지 분위기가 심상치 않았지요. 아저씨는 가방을 내려놓고 손잡이를 양손에 잡고는 헛기침을 몇 번 하더니 이야기를 시작했어요.

"자 여러분, 안녕하쉽니까? 제가 이렇게 여러분 앞에 나선 이유는 가시는 길에 좋은 물건 하나 소개해드리고자 해서입니다. 자, 플라스틱 머리에 솔 달려 있습니다. 이게 무얼까요? 칫솔입니다. 이걸로 뭐 하려고 가지고 나왔을까요? 팔려고 나왔습니다. 얼마일까요? 1,000원입니다. 뒷면 돌려보겠습니다. 영어 써 있습니다. 메이드 인 코리아! 이게 무슨 뜻일까요? 수출했다는 겁니다. 수출이 잘됐을까요, 안 됐을까요? 망했쉽니다. 자 그럼, 여러분에게 하나씩 돌려보겠습니다."

사람들은 너무 황당해 웃지도 않았지요. 아저씨는 사람들에게 칫솔을 돌리며 말했어요.

"자 여러분, 여기서 제가 몇 개나 팔 수 있을까요? 궁금하시죠? 저도 궁금합니다. 잠시 후 알려드리겠습니다." 저도 칫솔이 몇 개나 팔렸는지 궁금해졌어요. 아저씨는 다시 말을 이었어요.

"자 여러분, 칫솔 네 개 팔았습니다. 얼마 벌었을까요? 4,000원 벌었쉽니다. 제가 실망했을까요? 안 했을까요? 예 쉬일망했쉽니다. 제가 여기서 포기할까요, 안 할까요? 저얼때 안 합니다. 바로 다음 칸으로 갑니다!"라고 하면서 유유히 다음 칸으로 가더군요. 남아 있는 사람들은 뒤집어졌습니다. 그 아저씨는 웃음만

준 게 아니라 희망을 보여주었어요. 누구에게나 다음 칸은 있으니까요.

들을 당시도 웃었지만 다시 생각해도 웃음이 난다. 왜 이 얘기가 웃겼을까? 솔직함 때문이다. 누구나 그렇게 생각하지만 여러 이유로 말하지 못한 걸 얘기할 때 사람들은 웃는다. 이 사람은 건강하다. 자기 문제를 솔직하게 드러내고 쉽게 실망하지도 않기 때문이다. "실망했을까요? 네. 실망했습니다. 그렇지만 포기하지 않고 다음 칸으로 갑니다."라는 대목이 인상적이다. 난 이런 질문을 던지고 싶다. "이 사람 어떻게 됐을까요?" 여러분 생각은 어떤가? 난 이 사람이 잘됐다는 것에 한 표를 던진다. 아니 던지고 싶다.

5
유머의 법칙 5: 착각을 활용하라

자기 편한 대로 착각하면서 사는 게 좋을까, 아니면 냉정하게 현실만을 보는 게 좋을까? 상대는 당신을 사랑하지 않는데 당신을 사랑한다고 생각하면서 사는 게 유리할까, 상대는 당신을 좋아하는데 그렇지 않을 것으로 생각하는 게 유리할까? 정답은 없지만 자기 편한 대로 착각하는 게 좋을 것이라는 생각이다.

보통 착각은 쓸데없는 것이고 삶에 별로 유용하다고 생각하지 않지만 사실 착각은 쓸모가 있다. 『착각의 쓸모』라는 책의 내용이 그것이다. 책은 착각도 나름의 효용성이 있다고 주장한다. 유머에서도 착각이 차지하는 비중이 크다. 착각 덕분에 웃을 수 있는 것이다. 몇 가지 사례를 보자.

침대가 따뜻했던 이유

추운 겨울 외아들을 군대에 보낸 엄마는 아들이 너무 보고 싶은 마음에 일주일에 한 번씩 편지를 보냈다. 시간이 흐른 어느 날, 엄마는 여느 때와 마찬가지로 아들에게 편지를 썼다.

'보고 싶은 내 아들, 네가 정말 그립구나. 아직도 네 침대에는 네 온기가 그대로 남아 있는 듯 무척 따뜻하구나…….' 그로부터 2주 후 기다리고 기다리던 아들의 편지가 왔다.

'보고 싶은 부모님께. 죄송해요. 제 방 침대 시트 밑에 있는 전기장판을 깜빡 잊고 안 끄고 그냥 입대했네요. 꺼주세요.'

배꼽티와 물려받은 옷

어느 지하철에서 날씬하고 키 큰 아가씨가 배꼽티를 입고 노약자석 앞에 서 있었다. 그런데 거기 앉아 계시던 할머니가 살며시 미소를 지으시더니 아가씨의 배꼽티를 자꾸 밑으로 끌어내리는 것이었다. 놀란 아가씨가 "왜 그러세요?"라고 물어봤지만 할머니는 못 들으시고 계속 옷을 내렸다. 그리고 아가씨에게 아주 온화한 표정을 지어 보이시며 말씀하셨다.

"아이고 착해라. 동생 옷도 물려 입고. 요즘 이런 아가씨가 어디 있을까……."

교황과 과속운전

과속운전을 즐기는 교황은 늘 정시 속도로 안전 운전만 하는 운전사가 못마땅했다. 어느 날 참다못한 교황이 운전사를 뒷좌석에 앉히고 직접 운전을 했다. 결국 세게 달리다 경찰에게 걸리고 말았다. 근데 경찰이 잡고 보니 교황이었다. 이 문제를 어떻게 할지 고민이 된 경찰이 상부에 보고해 사정을 알렸다.

"높은 사람이 걸렸는데 어쩌죠?" "누군데? 국회의원이야?" "아닙니다. 더 높습니다." "장관이야?" "아닙니다. 더 높습니다." "그럼 누구야?" "하나님 같습니다." "그게 뭔 말이야?" "교황이 운전할 사람은 하나님밖에 없잖습니까?"

아인슈타인과 운전기사

아인슈타인이 강의할 때마다 그의 운전기사는 뒤에 앉아 그가 하는 강의를 들었다. 하도 많이 들으니 거의 외울 수준이 됐다. 어느 날 아인슈타인의 컨디션이 좋지 않은 걸 눈치챈 기사는 자신이 대신 강의하겠다고 자청했다. 강의는 매끄럽게 진행됐고 사람들은 감탄을 거듭했다. 근데 질문 시간에 문제가 생겼다. 운전기사가 도저히 답할 수 없는 질문을 한 것이었다.

그는 침착하게 이렇게 답했다. "그 정도 질문은 제 운전기사가 답을 할 수 있을 거 같습니다." 그리고 마이크를 아인슈타인에게 넘겼다.

뭐 눈엔 뭐만 보인다

사람은 누구나 자기의 눈으로 세상을 본다. 각자의 렌즈로 세상을 보고 판단하고 행동한다. 자기 수준에서 모든 일을 보고 판단하는 것이다. 결국 아는 만큼 보인다. 이처럼 자신의 틀 안에서 생활하고 세상을 바라보는 것에 관한 유머를 소개한다.

도둑의 적선

도둑이 부잣집을 턴 후 옆집으로 들어갔다. 근데 모자 간에 대화를 듣게 됐다. 어머니가 얘기한다. "아들아, 먹을 게 없구나." 그 얘기를 들은 아들이 답한다. "어머니, 그럼 똥이라도 드세요." 도둑은 측은지심이 생겼다. '아니, 얼마나 먹을 게 없으면 똥을 먹으라고 할까?' 불쌍해진 도둑은 부잣집에서 턴 물건을 집 앞에 놓고 돌아섰다.

뜨끔한 속내

일본은 전쟁에서 진 후 주일미군을 위해 공창을 만들었다. 아주 저렴한 가격에 매춘을 공식적으로 허락한 것이다. 자기 나라에 주둔하는 군인을 위해 이런 시설을 갖춘 것은 아주 예외적인 일이었다. 이유는 미군이 일본 여성을 마구 짓밟을까 겁이 났던 것이다. 일본은 군인을 위한다는 명분으로 다른 나라에는 없는 위안부란 제도를 만들어 젊은 여성들을 전쟁터로 끌고 다녔다. 그들은 미군들도 자기들처럼 행동할 것으로 생각했던 것이다.

직업병

조폭들과 고씨굴에 들어갔다. 10여 미터쯤 들어갔는데 한 녀석 얼굴이 창백해졌다. 왜 그러느냐고 묻자 조폭이 대답했다. "형님, 여긴 입구 말고는 토낄 데가 없잖습니까?" 조폭에게도 직업병이 있다.

반대말

초등학교에서 선생님이 퀴즈를 냈다. "보통의 반대말은?" 중국집 아이가 손을 들고 자신 있게 대답했다. "곱빼기입니다."

노벨상을 타고 싶다면 이렇게 해라

노벨상을 타는 방법은 아주 간단하다. 초콜릿을 많이 먹고 고급차를 타면 된다. 근거는 2012년 미국 컬럼비아대학교의 프란츠 H. 머저리 박사가 『뉴잉글랜드 의학저널』에 발표한 논문이다.

논문 내용은 초콜릿 소비량과 노벨상 수상과의 관련성이다. 초콜릿 소비량과 1,000만 명당 노벨상을 받은 수와의 관계에 대한 그래프인데 스웨덴이 일등이다. 이어 스위스, 덴마크, 노르웨이, 영국, 독일, 오스트리아 순이다. 대부분 유럽의 잘사는 국가들이다. 초콜릿을 제일 적게 먹는 나라는 중국, 일본, 브라질, 포르투갈 등이다. 상관관계가 무려 0.79로 아주 높다. 초콜릿을 많이 먹으면 노벨상을 탄다는 증거다.

비슷하게 고급 차와 노벨상 수상과의 관련도 높다. 무려 0.85다. 초콜릿 섭취량보다 관련성이 더 높다. 한국은 현재 노벨상이 단 하나밖에 없다. 김대중 전 대통령이 탄 노벨평화상이다. 공부를 안 하기 때문에 물리학상이나 화학상은 받기 어려울 것 같고 남은 방법은 초콜릿을 많이 먹고 고급 차를 몰면 된다. 예전보다 초콜릿도 많이 먹고 외제차를 타는 사람이 무지 늘었으니 조만간 노벨상 탈 일만 남았다.

6
유머의 법칙 6: 재치를 발휘해라

　재치는 적을 만들지 않으면서도 내 주장을 펼치는 요령이다. 이런 얘기를 할 수 있다는 건 무슨 뜻일까? 그만큼 여유가 있기 때문이다. 상대 입장에서 생각할 수 있는 능력이 있다는 것이다. 기분 상하지 않게 하면서 내가 말하고 싶은 메시지를 전할 수 있다는 것이다. 내가 생각하는 유머와 재치는 공간 확보의 기술이다. 의도적으로 공간을 확보해야만 가능하다.

　자기 집 담벼락에 많은 자전거가 세워져 있어 집주인이 여러 종류의 경고문을 붙였지만 소용이 없었다. 협박도 통하지 않았다. 어떻게 이 문제를 해결할 수 있을까? 여러분이 방법을 궁리해보라. 이 방법은 어떨까?

'여기 세워진 자전거는 모두 공짜입니다. 아무거나 마음대로 가져가세요.'

참 재치가 넘친다. 상대의 행동을 바꾸기 위해 잔소리를 하거나 이상한 법을 만들어 괴롭히는 대신 재치를 통해 목적을 달성한 것이다. 누구의 기분도 상하게 하지 않으면서 소기의 목적을 달성하는 것, 이게 재치다. 내가 생각하는 재치는 '받아치는 것'이다. 공격하는 대신 상대의 말의 허점을 노려 반격하는 것이다. 준비 같은 건 불가능하다. 순간적인 반사신경이 있어야 가능하다. 머리가 휙휙 돌아야 한다. 백 마디 말보다 재치 있는 말 한마디가 더 호소력이 있다. 재치에 관해서는 둘째가라면 서러워할 사람들을 소개한다.

우문현답

이외수 작가가 쓴 『여자도 여자를 모른다』라는 책이 있다. 여자가 도대체 어떤 존재인지를 남자 시각으로 보고 쓴 책이다. 거기에 대해 어떤 할 일 없는 누리꾼이 이렇게 비판했다. "여자도 아닌 사람이 무슨 여자에 대해 아는 척을 하느냐?"라고 씹은 것이다. 거기에 대한 이외수의 답변이 걸작이다. "그럼 파브르는 곤충이라서 곤충에 관해 썼냐?" 기발하지 않은가? 이걸 우문현

답이라고 해야 하는가? 이게 재치 아닐까?

장군멍군

처칠도 재치에는 일가견이 있다. 낸시 애스터는 미국 출신으로 영국인과 결혼해 의회까지 진출한 최초의 여성이다. 그녀는 정치인들의 디너파티에서 당시 정치 초년생인 처칠을 만났다. 처칠은 거나하게 취해 있었다. 그게 역겨웠던 그녀는 참다못해 "윈스턴, 당신이 내 남편이라면 커피에 독약이라도 넣어주고 싶은 심정이야."라고 말했다. 이를 들은 처칠은 "낸시, 당신이 내 아내라면 기꺼이 그걸 마시겠다."라고 받아쳤다. 장군에 멍군 격이다.

동상

이탈리아 작곡가 로시니도 재치가 넘치는 사람이었다. 밀라노시가 많은 예산을 들여 자신의 동상을 세운다는 얘기를 듣고 그는 이렇게 말했다. "뭘 비싼 돈을 들여 그런 동상을 만드나. 차라리 그 돈을 내게 주면 내가 매일 서 있을 텐데." 말년에 생일이 4년마다 한 번씩 돌아오니 아직 18세밖에 안 되었다고 우겼으며 미신을 맹목적으로 믿어 13일의 금요일에는 종일 침대에 누워 지내기도 했다. 심지어 그토록 싫어했던 13일의 금요일에 세상을 떠난 것까지 그의 삶은 한 편의 코믹한 오페라 그 자체였다.

딱 한 가지 소원

정재찬 교수의 『시를 잊은 그대』라는 책에서도 재치 있는 사례를 발견할 수 있다. 이런 내용이다. 어머니를 간병하시던 아버지가 먼저 세상을 뜨셨다. 유언처럼 엄마를 부탁한다고 하셔서 작은누이가 엄마를 모시고 수년간 간병했다. 씻기고 발톱도 깎아드리고 대소변을 받고 임종을 지켰다. 그랬건만 아직도 부모님 얘기만 나오면 온 집안 식구가 질질 짰다.

어느 날 누이가 카톡을 보냈다. 무슨 다큐를 보다 부모님 생각이 난 모양이었다. "동화에서처럼 딱 한 가지 소원만 들어주는 게 있으면 난 돈, 미모, 학벌, 그런 거 말고 우리 엄마 아빠 딸로 다시 태어나게 해달라고 할 거야." 거기에 대해 정 교수는 이렇게 답을 했다. "난 엄마 아빠 또 고생시켜 드리고 싶지 않아. 난 엄마 아빠의 아빠로 태어날 거야." 한 방 먹인 것이다. 근데 누이의 답이 걸작이다. "할아버지, 저 돈 좀 주세요." 정 교수는 "네 애미 애비 키우느라 다 썼다. ㅎㅎ" 승자의 미소를 짓고 있는데 또 답이 왔다. "아, 다행이에요, 할아버지. 저희 엄마 아빠 풍족하게 살게 해주셔서 고마워요." 농담으로 시작한 카톡이었는데 누이와 꺼이꺼이 울었다고 한다. 인생은 돌봄의 연속이다.

자살 방법을 가르쳐주마

오래전에 지인으로부터 들었던 자살 방법이다. 참 기발하다.

"요즘 자살이 화두 아닙니까? 다양한 자살 방법을 소개합니다.

첫째, 아무것도 먹지 말고 하루를 버티세요. 그럼 배고파 죽습니다. 그래도 죽지 않는다면?

둘째, 그렇다면 하루 굶었던 양의 식사를 한 번에 끝내세요. 그럼 배불러 죽습니다. 그래도 안 죽는다면?

셋째, 아무것도 하지 말고 하루를 버티세요. 심심해 죽습니다. 이 방법도 안 통한다면?

넷째, 유머에 관한 책을 왕창 사다 읽으세요. 웃겨 죽습니다. 그래도 안 된다면?

다섯째, 즉석 복권을 사고 긁지 말고 버티세요. 궁금해 죽습니다. 그래도 안 죽는다면 긁으세요. 여지없이 "꽝"이 나옵니다. 그럼 성질이 나 죽습니다.

여섯째, 정 확실한 방법을 원하신다면 자신이 하는 일에 두 배의 힘을 기울이세요. 힘들어 죽습니다.

아마 여기까지 제 글을 읽었다면 짜증이 나 죽는 사람도 있을 겁니다. 아직 살아남은 자! 끈질긴 생명의 소유자입니다. 죽을 수 있는 다른 방법도 주변에 많이 있으니 각자 한 가지씩 찾아 실행해보세요. 찾다 보면 늙어 죽습니다.

부작용: 혹 체질에 따라 죽지 않고 미치는 경우도 있으니 유의하시기 바랍니다."

7
유머의 법칙 7: 가끔은 자기 비하를 해라

흔히들 "농담한 걸 갖고 왜 그래?"라는 얘기를 한다. 난 이 얘기를 들을 때마다 농담의 재정의를 생각한다. 그게 농담인지 아닌지를 구분하는 기준은 명확하다. 농담의 대상이 불쾌감을 느꼈다면 그건 더 이상 농담이 아니다. 조롱이다. 성희롱과 비슷하다. 희롱하는 당신은 별 생각 없이 했다지만 당하는 상대는 그로 인해 죽을 수도 있다는 사실을 기억해야 한다.

유머는 남이 아닌 나의 단점을 노출하는 것이다

남을 조롱하는 것, 남의 허점을 들추고 웃는 건 유머가 아니다. 그건 상대를 못살게 구는 것이다. 일종의 학대다. 내가 가장 좋아하는 유머는 자신의 허점이나 단점을 있는 그대로 노출하는 것이다. 자신을 유머의 대상으로 삼는 것이다. 남을 놀리는 대신 자신을 놀리는 것이다.

우리나라에서는 코미디언 이주일이 대표적이다. 그는 별 볼일 없는 사람이었다. 그가 뜬 건 바로 자신의 외모를 유머 소재로 삼았기 때문이다. 그는 늘 "못생겨서 죄송합니다."라는 말 한마디로 전 국민을 사로잡았다. 그는 비굴함을 주특기로 삼았다. 그가 아들을 교통사고로 잃은 3일 후 SBS 개국 특집에 나와 이런 말을 했다. "여러분 죄송합니다. 깊은 사과의 말씀을 하나 드립니다. 그동안 김영삼 씨와 박철언 씨 관계 개선을 위해 무척 노력했지만 뜻을 이루지 못해 죄송합니다." 정치에 입문하기 전이었고 자기와 아무 상관 없는 정치 이슈를 꺼내 자기 책임이라며 미안하다고 한 것이다. 청중은 폭소를 터뜨렸다.

영국의 처칠은 유머로 유명한데 그중 상당 부분은 자신을 비하하는 것이었다. 몇 가지만 소개한다. 미국을 방문한 처칠에게 한 여인이 질문을 던졌다. "연설할 때마다 사람들이 자리가 미어터지게 모여드니 기분이 정말 짜릿하시겠어요?" 처칠은 웃음을 지어 보이며 대답했다. "물론 기분이 좋습니다. 하지만 내가 이런 정치 연설을 하는 것이 아니라 교수형을 당하는 것이라면 지금보다 최소한 2배 이상 사람들이 몰려들 것이라는 사실을 늘 기억하고 있습니다."

자신에게 환호하는 사람보다 자신을 미워하는 사람이 더 많다는 사실을 늘 인지하기 때문에 가능한 유머다. 대부분의 정치인이 자신에게 환호하는 ○○빠를 보면서 스스로를 대단한 사람으로 착각하는 것과는 대조적이다. 또 다른 하나를 소개한다.

어느 날 처칠의 비서가 일간신문을 들고 돌아와 그 신문사를 맹비난했다. 그를 시가를 문 불도그로 묘사한 만평을 실었기 때문이다. 처칠은 신문을 물끄러미 바라보더니 이렇게 말했다.

"기가 막히게 그렸군. 벽에 있는 내 초상화보다 훨씬 나를 닮았어. 당장 초상화를 떼어버리고 이 그림을 오려 붙이도록 하게."

나는 이 유머를 보면서 우리나라의 대통령을 떠올렸다. 만약 누군가 신문에 이런 그림을 실었다면 대통령과 주변 사람들 반응은 어땠을까? 틀림없이 명예훼손으로 고소한다고 난리를 쳤을 것이다. 대통령의 명예훼손 하니까 갑자기 명예훼손 관련해 읽었던 신문 기사가 생각났다. 무슨 일로 대통령을 고소했는지 디테일은 기억이 안 나는데 법원에서 기각했다. 이유는 두 가지다. 고소의 사유가 되지 않는다는 것과 더 이상 훼손될 명예가 남아 있지 않다는 것이다. 난 두 번째 사유를 보고 얼마나 웃었는지 모른다. 정말 맞는 말이다.

사소한 시비나 모욕은 유머로 날려버려라

스스로를 높게 생각하고 남들의 사소한 시비나 모욕을 견디지 못하는 사람은 절대 유머를 사용할 수 없다. 자신은 별거 아니고 지금은 높은 자리에 있지만 그 자리 또한 잠시 후에는 사라진다는 생각을 할 수 있어야 비로소 유머를 사용할 수 있다. 남들 눈에 비친 자기 모습을 잘 알고, 자신 또한 보통 사람과 다를게 없다는 사실을 늘 인지해야 유머를 사용할 수 있다.

스스로를 비하하기 위해서는 자신감이 있어야 한다. 자신감이 있으면 자신의 단점이 드러나는 걸 두려워하지 않는다. 자신감이 없으면 자신을 꽁꽁 싸매게 된다. 자신에 대한 모든 얘기에 예민하게 반응하게 된다. 이를 보면 유머는 단순히 웃고 웃기는걸 넘어선다. 내 그릇이 어떤지 보여주는 척도다. 당신은 현재 어떠한가? 당신에 대해 거슬리는 소리를 할 때 당신은 어떤 반응을 보이는가?

"나 하나가 웃음거리가 되어 온 국민이 즐거울 수 있다면 나는 얼마든지 바보가 되겠다."

헬무트 콜 수상의 말이다.

8
유머의 법칙 8: 나를 갖고 놀아라

나는 태생적으로 허점이 많은 사람이다. 그래서 어릴 때 별명 중 하나가 덜렁이였다. 뭔가 자꾸 까먹고 잊고 흘리고 다니기 때문에 붙은 별명이다. 이런 특성은 어른이 되어서도 마찬가지다. 물건 잃어버리기 대회가 있다면 금메달은 떼놓은 당상이다. 지갑, 목도리, 핸드폰, 가방, 외투 등 물건의 크기와 상관없이 온갖 것을 다 잃어버렸다. 그동안 잃어버린 우산만 모아도 우산 가게 하나는 거뜬히 차릴 것이다. 처음에는 기막혀하던 아내와 딸들도 그러려니 하면서 이해한다.

또 내가 하는 일 외에는 할 줄 아는 게 별로 없다. 뭔가 조립하거나 고치는 쪽으로는 멍청이 수준이다. 그래서 딸들이 가장 많이 하는 질문이 "아빠, 서울대 나온 것 맞아?"다. 그럴 때마다 "나도 내가 서울대를 나온 것이 의심되니 한번 졸업증명서를 떼보라."라고 응수한다.

나도 그런 내가 참 싫지만 쉽게 고칠 수 없다. 당연히 이를 받아들이고 누군가 지적할 때 앙탈을 부리지 않고 인정하려고 노력한다. 그럼 분위기가 좋아진다. 그런 면에서 난 쉬운 남자다. 이는 유머에도 그대로 적용된다. 누구나 유머가 있는 부드러운 사람이 되고 싶어 한다. 근데 전제 조건이 있다. 자신을 스스로 낮출 수 있어야 한다. 거리낌 없이 자신의 단점이나 열등감을 드러낼 수 있어야 한다. 만약 스스로를 대단한 사람으로 생각하거나 누군가 자기 단점을 지적할 때 신경질적인 반응을 보이는 사람은 유머와는 담을 쌓은 사람이 될 것이다.

이를 가장 잘 실천한 사람은 예전 회사의 사장님이다. 그는 대머리에 작고 동안인 귀여운 얼굴인데 늘 자신의 대머리를 웃음의 소재로 삼았다. 그 덕분에 임원 회의는 화기애애했다. 예를 들어 이런 식이다. 비용을 줄이자고 사무실 등을 반만 켜고 일할 때였다. 맑은 날은 괜찮은데 흐린 날은 사무실이 우중충했는데 그때 사장님이 이렇게 말씀하셨다. "직원 중에 나 같은 사람이 몇 명만 더 있어도 조명에 문제가 없을 텐데 참 아쉽네." 다들 뒤집어졌다.

스스로를 낮추는 유머

자기를 낮추는 유머를 몇 가지 소개한다. 가장 먼저 투나잇쇼의 자니 카슨이다. 그는 한때 NBC 수익의 17%를 차지할 정도였다. 그의 마지막 방송은 5,500만여 명이 봤다. 역대 출연자만약 2만 4,000명에 이른다. 그는 균형감각, 솔직함, 유쾌함의 상징이다. 네 번의 결혼과 세 번의 이혼 경험이 있다. 누군가 결혼에 대해 조언해달라고 부탁하자 이렇게 말했다. "내가 결혼에 대해 충고하는 것은 타이타닉호 선장이 항해술에 대해 강의하는 것과 같다."라고 말해 사람들을 웃겼다. 묘비명을 무엇으로 할거냐는 질문에 한참 생각한 후 "돌아올게I will be back"이라고 얘기했다. 광고 후 다시 오겠다는 말이다.

미국의 뉴트 깅리치 전 하원의장은 소니 보노 의원의 장례식에서 이런 조사를 낭독했다. "고인은 첫 의회 연설에서 때 묻은 정치인들은 물러가야 한다고 했습니다. 이후 나는 그가 내 사무실에 들어올 때마다 내 자리를 노리는 것 같아 위협을 느꼈습니다." 자신이 때 묻은 사람이란 걸 은연중 드러낸 것이다.

두 눈을 실명한 안요한 목사님은 이런 말을 했다고 한다. "저는 아내와 결혼하면서 한 약속이 하나 있습니다. 오늘 그 약속을 공개하겠습니다. 또 그 약속만큼은 철저히 지켰습니다. 어떤 일이 있어도 한눈팔지 않겠다는 약속입니다." 실명인 자신을 빗댄 유머다.

어릿광대는 스스로를 바보로 만들면서 모두에게 여백을 주는 존재이다. 인간은 누구나 바보라는 메시지를 선포하는 것이다. 자기가 똑똑하다고 하는 자는 더할 나위 없는 바보다.

"바보임을 알고 있는 바보는 이미 바보가 아니다."

볼테르의 말이다.

자신에 대해 웃을 수 있는 사람은 결코 스스로를 웃음거리로 만들지 않는다. 스스로를 웃음의 소재로 삼을 수 있는 개인과 조직은 그 자체로 건강하다. 다른 사람을 바보로 만들기보다 자신을 웃음거리로 만들 수 있어야 한다.

"유머 없이 존재할 수 없다. 우선 자신을 향해 웃을 수 있어야 한다. 만일 그렇지 못하면 고통을 받게 된다."

커크 더글러스가 한 말이다.

9
유머의 법칙 9: 안전감을 심어주어라

구글의 아리스토텔레스 프로젝트에 의하면 성과의 핵심은 안전함이다. 무슨 말이든 할 수 있고 눈치를 보지 않고 하고 싶은 얘기를 자유롭게 할 수 있을 때 성과가 난다. 그렇다면 안전한 분위기는 어떻게 만들 수 있을까?

내가 생각하는 안전함의 핵심은 상사의 성격이다. 인품에 기반한 고급스럽고 탁월한 유머 감각이다. 부드럽고 너그럽고 직원들의 존경을 받는 이가 유머로 직원들을 웃게 할 수 있다면 어떤 일이 벌어질까? 유머는 단순히 웃기는 얘기를 하는 것이 아니다. 그 이상이다. 그건 지금 상황이 어렵고 복잡하지만 거기에 매몰되는 대신 한 발짝 떨어져 상황을 보겠다는 결심이다. 당신을 인간적으로 존중한다는 존중감의 표현이다. 어떻게 하면 유머를 통해 안전한 분위기를 만들 수 있을까? 가장 중요한 조건은 무엇일까?

유머가 이상하면 분위기가 썰렁해진다

내가 어떤 사람인지가 가장 중요하다. 인품과 사람 됨됨이에 관한 것이다. 그동안 내가 보인 행동과 말과 태도를 통해 이미 직원들은 알고 있다. 여기에서의 핵심은 인간 존중이다. 내가 사람 하나하나를 어떻게 보고 있는지가 결정적 역할을 한다. 스스로 어떤 사람인 것 같은가? 진심으로 사람을 존중하는가? 인간적으로 그를 대하고 그를 인정하고 그의 말을 경청하는가?

내가 누구인지보다는 직원들 눈에 비친 내가 어떤 사람인지가 훨씬 중요하다. 내가 생각하는 것과 직원이 생각하는 것 사이에는 큰 갭이 존재하기 때문이다. 그렇다고 착하기만 한 리더가 되라는 건 아니다. 목표 지향적이고, 때로는 단호하고, 그때그때 확실하게 피드백하고 직원들과 활발하게 소통해야 하는 건 기본이다. 더하여 그가 진심으로 직원 하나하나를 아끼고 귀하게 생각한다는 걸 직원들이 느낄 수 있어야 한다. 그게 기본이다. 만약 이게 되지 않으면 유머는 물 건너간 것이다. 괜히 이상한 유머를 한답시고 분위기를 썰렁하게 하는 것보다는 혼자서 북 치고 장구 치고 하던 대로 하는 것이 효과적일 수 있다.

유머가 작용하려면 신뢰가 바탕이다

관점이 관계를 규정한다. 갑질을 하는 사람은 왜 갑질하는 것일까? 나보다 못한 사람은 마음대로 해도 된다는 무의식이 작동하기 때문이다. 자식 일에 감 놔라 배 놔라 하면서 마구 간섭하는 부모는 왜 그럴까? 자식을 내 소유물로 생각하기 때문이다.

직원도 마찬가지다. 직원에게 마구 소리 지르고 화내고 닦달하고 때로는 욕까지 하는 상사는 왜 그럴까? 부하는 나보다 못한 존재이며 성과를 위해서는 마구 대해도 된다고 생각하기 때문이다. 만약 회사를 그만두면 직원이나 나나 다 같은 보통 사람일 뿐이란 생각을 하면 절대 할 수 없는 행동이다. 유머가 작동하기 위해서는 신뢰가 깔려 있어야 한다. 신뢰 제로인 상사가 어디선가 들은 재미난 얘기를 한다고 웃지 않는다. 웃는다 해도 억지웃음일 뿐이다.

유머의 핵심은 나를 낮추고 남을 높인다

유머의 핵심은 겸손이다. 나를 낮추고 남을 높여야 한다. 자신을 대단한 사람으로 생각해 어깨에 잔뜩 힘이 들어간 사람을 보고 웃는 사람은 없다. 자신은 뛰어난 반면 부하는 한심하다고 생각하는 사람에게 유머는 찾아볼 수 없다. 자신 있고 여유 있고 존중받을 때 비로소 웃을 수 있다. 무시당하고 공격받을 것 같으면 방어적이 되고 표정이 굳는다. 현재 직원들은 어떤 얼굴을 하고 있는가? 굳은 얼굴에 꾹 다문 입을 하고 있는가? 왜 그렇다고 생각하는가? 당신이 원인일 가능성이 가장 크다. 굳게 만든 게 당신이라면 그걸 푸는 사람도 당신이 되어야 한다. 당신이 스포트라이트를 받는 대신 부하에게 그 공을 돌려라. 부하를 지적하는 대신 당신의 단점을 유머의 소재로 활용하라. 엄숙한 상사 대신 쉬운 상사가 돼라. 그럼 조금씩 닫힌 문이 열릴 것이다.

유머는 권위주의적인 문화에서 작동하지 않는다

권위주의에 도전해야 한다. 권위적이라면 유머는 포기해라. 유머가 작동하지 않을 뿐 아니라 자칫하면 직원을 냉소적으로 만들 수 있다. 쓸데없는 편견이나 관습과 관행을 없애라. 조직을 한번 둘러보라. 권위적인 사람, 편견과 관행에 물든 사람, 변화를 거부하는 사람, 늘 굳은 얼굴로 소리 지르는 사람, 자기밖에 모르는 사람, 자주 화내는 사람은 내보내라.

대신 조직문화에 맞는 사람을 영입하거나 승진시켜라. 그럼 분위기가 확 달라질 것이다. 조직이 유연하고 말랑말랑해질 것이다. 조직문화는 전륜구동이다. 윗사람이 먼저 바뀌면 아래는 저절로 바뀐다. 권위는 직책에서 나오는 것이 아니라 실력에서 나온다. 공정하고 상식적인 분위기가 우선되어야 하는데 그걸 해치는 가장 큰 장애물은 무능하고 권위적인 상사다. 무능한 사람이 높은 직책에서 권위를 휘두르면 조직은 맛이 간다. 그런 사람만 교체해도 분위기가 확 좋아진다.

유머를 발휘할 수밖에 없게 만들어라

제도적 장치를 두어야 한다. 겸손하고 잘 웃고 유머감각이 있는 사람이 인정받게끔 조직을 재구성하라. 유머도 일종의 훈련이다. 유머를 발휘할 수밖에 없게끔 조치를 하라. 예전 회사에서는 회의 전 반드시 한두 명은 재미난 얘기를 해야만 했다. 대부분 미리 선정하는데 웃기지 못하면 다시 한번 해야 한다. 사실 웃기지 않아도 상관없다. 누군가를 웃기기 위해 정보를 수집하고 알아보고 이걸 구현하는 과정 자체가 재미있다. 개인적으로 난 회의를 할 때 '최근 행복했던 사건'에 대한 질문을 하고 한두 명의 얘기를 듣는다. 그것만으로도 회의 분위기가 부드러워진다. 웃기면 살아남고 엄숙하면 죽는다는 의식을 심어줄 수 있다면 어떤 일이 벌어질까?

유머가 살아 있다고 성과가 생기고 엄숙하다고 성과가 없는 건 아니다. 하지만 유머가 살아 있고 잘 웃으면 그 자체로 행복하다는 건 확실하다. 또 행복하면 성과가 나는 데 유리할 것이다. 당신이 이것을 한번 증명해보라.

10
유머의 법칙 10: 되갚지 말라

대학 입학 후 한창 미팅을 다닐 때의 일이다. 주선자가 고위 장관의 딸인데 좀 고고하게 나올 수 있으니 참고하라고 했다. 잠시 후 키가 크고 건장한 여성이 들어오는데 바로 주인공이었다. 태도도 거침이 없다. 내가 뭔가 집으려 잠시 일어났더니 대뜸 "왜소하시네요?"라고 말했다. 초면에 정말 예의가 아니었다. 그냥 물러설 내가 아니었다. 난 "기골이 참 장대하시네요."라고 말했다. 그 두 마디로 우리의 미팅은 끝이 났다.

그런 말을 한 그녀도 그녀지만 그렇게 대응한 나도 미성숙하긴 마찬가지란 생각이 들었다. 만약 지금 그 상황이면 어떻게 대응했을까? "그러게 말입니다. 제대로 먹지를 못해 그렇게 됐네요."라며 순순히 수긍함으로써 상대의 김을 뺐을 것 같다.

"가는 말이 고와야 오는 말이 곱다."라는 말이 있지만 가는 말이 곱지 않아도 오는 말은 고울 수 있는데 그게 바로 유머 아닐까? 공격할 때 가장 쉽게 허점이 드러난다. 나도 모르게 빈 곳이 드러나기 때문이다. 축구에서도 공격하다 공을 빼앗기고 기습당하면서 골을 먹기 쉽다. 상대가 빈정거리거나 공격적으로 나올 때 화를 내거나 당황하는 대신 허점을 노려 유머를 사용하면 분위기를 반전할 수 있다. 유머보다는 재치에 가깝다. 몇 가지 사례를 소개한다.

수의사 보건장관

영국의 보건장관이 의회에서 국민보건을 주제로 연설했을 때다. 그런데 반대당 의원이 소리치며 그를 몰아붙였다. "당신은 수의사 출신 아니요? 수의사가 뭘 안다고 국민보건에 대해 그렇게 자신만만하오?" 그러자 그가 웃으면서 말했다. "맞습니다. 저는 수의사 출신입니다. 그러니 아프면 언제든지 오세요." 회의장은 웃음바다로 변했다. 공격하던 의원이 졸지에 동물이 됐기 때문이다.

변영만 이야기

일제 강점기에 변호사를 하던 변영만은 일본인 재판장이 자신을 오마에, 즉 너라고 하대하는 말을 사용하는 것이 불만이었다. "왜 제 이름을 놔두고 어째서 오마에라고 부릅니까?"라고 항의하자 생각지 못한 항의에 재판장은 이렇게 대답했다. "오마에를 한자로 쓰면 어전御前, 즉 임금님 앞이란 뜻이 아닙니까? 오해하지 마십시오."라고 대답했다.

그러자 변영만이 말했다. "제게 그렇게 과분한 호칭은 어울리지 않습니다. 그 호칭은 오히려 재판장님께 써야 어울릴 것 같습니다. 앞으로 재판장님께 오마에라는 호칭을 사용하겠습니다. 괜찮겠죠?" 재판장 얼굴이 확 붉어졌다.

사진작가의 칭찬

한 사진작가가 여행 중 밥을 먹으러 식당에 들어갔는데 식당 주인이 사진을 보여달라고 졸랐다. 할 수 없이 자신이 정성스럽게 작업한 사진들을 보여줬다. 근데 사진을 다 본 식당 주인의 반응이 별로였다. "사진기가 좋아서 그런지 사진이 참 잘 찍혔네요." 사진작가는 기분이 나빴지만 꾹 참고 식사했다. 식사를 끝내고 계산하면서 사진작가가 식당 주인에게 한마디 했다. "냄비가 좋아서 그런지 찌개가 참 맛있네요."

바텐더와 고객

스티븐 더글러스는 링컨의 라이벌 중 하나였다. 그는 토론 때 링컨이 술집 종업원을 한 적이 있었는데 참 훌륭한 바텐더였다고 얘기했다. 물론 속으로 자신이 이겼다고 생각했다. 링컨은 당황한 기색 없이 이렇게 대답했다.

"맞습니다. 더글러스의 말은 모두 사실입니다. 당시 더글러스는 최고의 고객이었습니다. 저는 카운터 안에서 밖에 있는 더글러스에게 위스키를 팔았습니다. 그런데 지금 우리는 다릅니다. 저는 완전히 카운터 안에서 떠났지만 더글러스는 여전히 그 자리를 떠나지 않고 있습니다."

똥차

버스 정류장에서 오랫동안 버스를 기다리다 화가 난 승객이 이렇게 말했다. "이놈의 똥차 언제 갈 거야?" 순식간에 버스 안 분위기가 살벌해졌는데 버스 운전사가 느긋하게 대답했다. "똥이 다 차야 가지요."

간디의 KO승

간디는 식민지 청년이란 이유로 업신여김을 당했다. 어느 날 영국인 교수가 같은 자리에 앉아 이렇게 얘기했다. "돼지와 새는 한자리에서 밥을 먹을 수 없네." 그 말을 들은 간디는 이렇게 말했다. "그럼 제가 다른 자리로 날아가겠습니다." 자신이 새고 교수는 돼지란 말이었다.

한 방 먹은 교수는 수업 시간에 이런 질문을 했다. "지혜와 돈 보따리 중 어느 보따리를 택하겠는가?" 간디는 지체없이 돈 보따리라고 답했다. 기다렸다는 듯이 교수가 이렇게 말했다. "어찌 배우는 학생이 그럴 수 있는가? 식민지 청년은 할 수 없구먼." 간디는 이렇게 말했다. "누구나 부족한 걸 택하는 법이지요." 자신은 이미 지혜가 있다는 말이었다.

교수는 분이 풀리지 않아 간디의 답안지에 'idiot(멍청이)'라고 썼다. 간디가 뭐라고 했을까? "교수님, 제 답안지에 점수는 없고 교수님 사인만 있네요."

뱃사공과 철학자

어느 철학자가 나룻배를 탔다. 그가 뱃사공에게 철학을 배웠냐고 물었다. 뱃사공은 고개를 저었다. "한심한 사람이군. 자넨 인생의 3분의 2를 헛살았구먼. 문학에 대해서는 공부했나?" 역시 뱃사공이 배우지 않았다고 했다. 그러자 철학자는 뱃사공에게 인생의 3분의 2를 헛살았다고 말했다. 강의 절반쯤 건너갈 무렵 갑자기 배에 물이 들면서 배가 가라앉기 시작했다.

이번에는 뱃사공이 철학자에게 헤엄을 배웠냐고 물으니 철학자는 헤엄을 못 배웠다고 말했다. 이에 뱃사공이 이렇게 말했다. "선생님은 인생 전체를 헛살았군요."

11
유머의 법칙 11: 과장해라

"용주사란 절의 화장실은 깊기로 유명했어. 너무 깊어 저녁에 똥을 누면 그다음 날 아침에서야 떨어지는 소리가 들렸대. 어느 절에 있는 솥은 얼마나 큰지 팥죽을 끓일 때 배를 타고 다니면서 눌지 않게 저어야 했단다." 내 어릴 적 아버지가 해주신 얘기다. 지금은 믿지 않지만 그때는 믿었던 것 같다. 실제 용주사란 절 화장실에 가보았는데 깊긴 깊었지만 그 정도는 아니었다.

과장을 잘하기로는 중국인을 쫓아갈 수 없다. 중국 4대 미인을 칭하는 말로 침어낙안沈魚落雁과 폐월수화閉月羞花가 있다. 침어는 미인 서시의 별명으로 냇물에 서시의 얼굴이 비치자 물고기가 헤엄치기를 잊고 바라보다 가라앉았다고 하여 붙은 별명이다. 낙안은 미인 왕소군의 별명으로 왕소군이 하늘의 기러기를 바라보자 기러기가 빼어난 미모를 보고 날갯짓을 잊어 땅에 떨어지고 말았다고 한 데에서 유래했다. 폐월은 미인 초선의 별명으로 초선이 밤하늘의 달을 바라보자 달이 부끄러워 구름 뒤로 숨었다는 뜻이다. 수화는 당나라의 미인 양귀비의 별명인데 양귀비가 꽃을 쓰다듬자 꽃이 시들어버렸다고 한다. 과장도 이쯤 되면 예술이다.

유머에서 과장은 가장 흔한 방법이다. 침소봉대針小棒大하는 것이다. 처칠이 잘하는 방법이 바로 과장이었다. 그의 사례 세 가지를 소개한다.

예쁜 아내

처칠이 하원의원 후보로 처음 출마했을 때 처칠의 상대 후보는 인신공격도 마다하지 않았다. "처칠은 늦잠꾸러기라고 합니다. 저렇게 게으른 사람을 의회에 보내야 하겠습니까?" 이에 대해 처칠은 점잖게 응수했다. "여러분도 나처럼 예쁜 아내를 데리고 산다면 아침에 결코 일찍 일어날 수 없을 것입니다. 그래서 앞으로는 회의가 있는 날에는 각방을 쓸 생각입니다."

국유화

대기업 국유화를 놓고 치열한 설전을 벌이던 의회가 잠시 정회된 사이 처칠이 화장실에 들렀다. 만원인 화장실에 빈자리가 딱 하나 있었는데 그것은 국유화를 강력히 주장하는 노동당의 당수 애틀리의 옆자리였다. 하지만 처칠은 다른 자리가 날 때까지 기다렸다.

이를 본 애틀리가 물었다. "제 옆에 빈자리가 있는데 왜 안 쓰는 거요? 혹시 저한테 뭐 불쾌한 일이라도 있습니까?" 처칠이 말했다. "천만에요. 겁이 나서 그럽니다. 당신은 뭐든 큰 것만 보면 국유화하자고 주장하는데 혹시 제 걸 보고 국유화하자고 달려들면 큰일 아닙니까?"

의사의 처방

1940년 첫 임기가 시작되는 날 처칠이 연설을 마치고 화장실에서 일을 보는데 그곳 직원들이 그의 모습에 당황했다. 만세를 하듯 벽에 두 팔을 붙이고 볼일을 보고 있었던 것이었다. 왜 그러느냐고 묻자 처칠이 말했다. "의사가 무거운 것을 들지 말라고 해서요."

12
유머의 법칙 12: 유머에 교훈을 담아라

유머에는 삶의 지혜가 담겨 있다. 유머에 교훈을 담아서 나중에 되돌아볼 때 생각을 많이 하게 하는 유머도 좋은 유머다. 그래서 유먼에 교훈을 담는 것도 좋은 유머를 구사하는 방법 중 하나다. 몇 가지 사례를 소개한다.

주제 파악

강의 중 일어난 일이다. 지퍼가 열린 줄 모르고 열심히 강의하는 교수를 본 한 학생이 킥킥대며 웃었다. 옆 학생이 이유를 묻자 지퍼 얘기를 하니 그 학생 역시 따라서 웃었다. 분위기가 좀 이상하다고 생각한 교수가 "조용히 하세요."라며 학생들에게 주의를 주었다. 그래도 계속 학생들이 웃자 교수는 화가 나 이렇게 말했다. "계속해서 웃는 사람도 나쁘지만 계속해서 웃기는 사람이 더 나빠요." 그 말에 다들 뒤집혔다.

여기서 배운 교훈은? 주제 파악이다. 자신이 웃기게 만든 사람이란 사실을 인지하지 못한다는 것이다. 우리는 살면서 수없이 그런 일을 당한다. 세상에서 가장 중요하지만 실수하기 쉬운 게 바로 주제 파악이다. 내가 누구인지가 중요한 게 아니라 다른 사람 눈에 비친 내가 어떤 사람인지가 중요하다.

결자해지

설교가 지루하기로 유명한 목사가 있었다. 거기다 길긴 왜 그렇게 긴지 설교가 시작되면 대부분 교인은 중상 내지는 사망이었다. 살아남은 신도가 별로 없었다. 그날도 대부분의 교인이 졸거나 자고 있었다. 화가 난 목사가 눈을 뜨고 있는 한 청년에게 "처음부터 지금까지 자는 옆 청년 좀 깨우세요."라고 얘기했다. 그 말을 들은 청년은 이렇게 말했다. "재운 사람이 깨우는 게 낫지 않을까요?"

여기서 배운 교훈은? 결자해지다. 문제를 만든 사람이 해결하라는 말이다. 자기가 재웠으면 깨우는 것까지 해야 하는 거 아닌가?

상대를 가려라

옛날에 고집 센 사람과 나름 똑똑한 사람이 살았다. 둘 사이에 다툼이 있었는데 고집 센 사람은 4 곱하기 7은 27이라고 주장했고 똑똑한 사람은 4 곱하기 7은 28이라고 주장했다. 근데 결판이 나지 않았다. 한참을 다투던 두 사람은 원님을 찾아가 시시비비를 가려달라고 했다. 얘기를 다 들은 원님은 한심하다는 표정으로 고집 센 사람에게 이렇게 말했다. "4 곱하기 7은 27이라고 하였느냐?" 그렇다고 말하자 원님은 이렇게 선고했다. "27이라고 한 놈은 풀어주고 28이라 한 놈은 곤장을 열 대 쳐라."

고집 센 놈은 똑똑한 사람을 놀리면서 자리를 떠났고 똑똑한 사람은 억울하게 곤장을 맞았다. 너무 억울했던 똑똑한 사람은 왜 자신이 맞아야 하는지 따졌다. 그 말을 들은 원님의 말이다. "4 곱하기 7이 27이라고 떠드는 아둔한 놈하고 싸우는 네가 더 어리석은 놈이다. 그래 세상에 싸울 놈이 없어 그런 놈하고 싸우느냐?"

여기서 배운 교훈은? 상대를 가려 싸워라. 어리석은 놈과는 상대를 안 하는 게 최선이다.

마음을 곱게 써라

필리핀에서 사업을 하는 한국인 동료 세 명이 한집에 살면서 필리핀 출신 가정부 한 명을 두었다. 가정부는 매일 청소와 요리를 했다. 그녀가 해주는 일이 정말 맘에 쏙 들었다. 특히 요리를 잘했다. 근데 집에 있는 술병의 술이 조금씩 줄어든다는 걸 발견했고 그들은 가정부를 의심했다. 한번은 술을 마시다 놀려주고 싶은 마음에 거기에 오줌을 채워 넣었다. 근데 그 병마저 줄어드는 것이었다. 그들은 가정부에게 어찌 된 일인지 물었다. 가정부는 이렇게 말했다. "전 술을 마시지 않았어요. 다만 음식을 할 때 조금씩 넣었어요."

여기서 배운 교훈은? 맘을 곱게 써야 한다.

뿌린 대로 거둔다

태국에서 미군을 태우고 가던 릭샤 운전사가 있었다. 술에 취한 친구들이 "어이, 더러운 개를 태우고 어디를 가는 거야?"라고 놀려댔다. 미군은 태연했고 아무 말 없이 경치만 감상했다. 처음에는 머뭇거리던 운전사는 미군 병사가 태국 말을 모른다고 생각하고 "지저분한 개를 데리고 메콩 강으로 가는 거야. 거기서 목욕 좀 시키려고."라며 대답했다. 이윽고 목적지에 도착했다. 근데 미군이 돈을 내지 않고 그냥 내려 걸어갔다. 당황한 운전사가 서툰 영어로 돈을 달라고 요구했다. 그러자 미군이 유창한 태국 말로 "아저씨, 개가 돈 가지고 다니는 거 봤어요?"라고 답했다.

여기서 배운 교훈은? 뿌린 대로 거두게 마련이다.

미끼 상품을 조심하라

어느 골동품 상인이 우연히 식당에 갔다가 기막힌 골동품을 발견했다. 바로 개밥 그릇이었다. 근데 개밥 그릇을 사겠다고 하면 티가 날 것 같아 우선 개를 사겠다고 제안했다. 당연히 후하게 10만 원을 쳐서 산 후 개밥 그릇을 껴서 달라고 제안했다. 그러자 주인이 난처해했다. "그건 안 돼요. 개밥 그릇 덕분에 지금까지 얼마나 많은 개를 팔았는데요."

여기서 배운 교훈은? 미끼 상품을 조심해야 한다.

자신을 먼저 사랑하라

오래전 텔레비전에서 개그우먼 이경실의 얘기를 들었다. 해외에서 공부하던 딸이 어느 날 전화를 해서는 힘들고 외롭다며 어리광을 부렸다. 요지는 엄마가 그곳으로 와서 같이 살면 안 되겠냐는 것이었다. 여러분 같으면 어떻게 하겠는가? 이경실은 이렇게 말했다. "난 그럴 수 없다. 너보다 나 자신을 사랑하기 때문이야." 참 건강한 사람이다. 세상에서 가장 소중한 사람은 나 자신이다. 자신을 사랑하는 사람만이 다른 사람도 사랑할 수 있다.

여기서 배운 교훈은? 남을 사랑하기 전에 자신을 사랑하라.

어려운 이웃을 도와라

주인이 당나귀와 말을 끌고 가고 있었다. 당나귀는 짐을 잔뜩 지고 있는데 말은 짐이 없어 가벼웠다. 힘이 든 당나귀가 빈 몸으로 가는 말에게 도와달라고 사정했지만 몰인정한 말은 들은 체도 하지 않고 나 몰라라 자기 길을 갔다. 더 이상 견디지 못한 당나귀가 마침내 쓰러져 죽고 말았다. 주인은 죽은 당나귀가 지던 짐을 모두 말에게 실었다.

여기서 배운 교훈은? 어려운 이웃을 도와라. 그가 무너지면 나도 무너진다. 그를 돕는 것 같지만 사실 나를 돕는 것이다.

13
유머의 법칙 13: 때와 장소를 가려라

유머는 중요하지만 때와 장소를 가려야 한다. 그렇지 않으면 웃음 대신 불쾌감만 유발할 뿐이다. 건강을 위해 운동하다 무리한 운동으로 부상을 당하는 것과 마찬가지다. 잘못된 유머로 자리를 썰렁하게 하는 사례는 차고도 넘친다.

맥락과 분위기를 맞추어야 한다

내가 아는 유명 교수의 결혼식 주례가 대표적이었다. 그는 이렇게 주례사를 시작했다. "결혼은 왜 하는 것일까요? 판단력이 떨어졌을 때 하는 겁니다. 이혼은 왜 하는 걸까요? 인내력이 부족할 때 하는 겁니다. 재혼은? 기억력이 나빠질 때 하는 겁니다."

그 순간 결혼식장이 썰렁해졌고 사람들 표정이 어두워졌다. 아주 흔하게 듣는 얘기지만 번지수가 틀렸다. 왜 이 좋은 결혼식 날 저런 얘기를 해서 초를 칠까? 주례도 뭔가 잘못됐다고 느껴 좋은 말로 반전을 꾀했으나 한 번 죽은 분위기는 살아나지 못했다. 뒤에 유명 가수의 신나는 음악이 이어졌지만 다들 듣는 둥 마는 둥 했다.

마케팅의 핵심은 TPO다. 때Time와 장소Place와 상황Occasion에 맞아야 한다는 것이다. 유머도 똑같다. 맥락에 대한 감수성이 필요하고 분위기에 맞아야 한다. 그걸 못하면 문제가 된다. 어느 디자인 회사가 문구류를 제작하면서 "니 얼굴에 잠이 오니?" "10분만 더 공부하면 미래 아내 얼굴이 바뀐다."와 같은 세간의 농담을 썼다가 불매운동에 부딪힌 것도 같은 맥락이다. 맥락을 읽지 못했고 선을 넘었기 때문이다. 유머는 도를 넘으면 희롱戲弄으로 돌변한다. 희와 롱은 모두 논다는 뜻이지만 놀이는 자칫하면 놀림이 된다.

상대에게 어떻게 전달될지 생각해야 한다

해학이 추잡醜雜으로 흐르지 않으려면 분위기 파악을 잘해야 한다. 상대 입장에서 생각하고 마음을 헤아릴 수 있어야 한다.

내 발언이나 행동이 상대에게 어떻게 전달될지를 생각해야 한다. 성적인 은유나 암시에 의존하지 않고도 통쾌한 웃음을 자아낼 수 있어야 한다. 설혹 성적인 얘기를 하더라도 선을 넘지 말아야 한다. 낙이불음樂而不淫이란 말을 기억하면 도움이 된다. 즐기되 음란하지 말라는 말이다.

참아야 하느니라

이른 아침 장례식장은 분주한 상주 외에 조용했다. 그런데 여러 교인이 함께 조문하러 오면서 분위기가 달라졌다. 교인들은 분명 90세 노인으로 알고 왔는데 영정 사진을 보니 너무 젊었다. 70세쯤 찍은 사진을 영정 사진으로 사용한 것 같았다. 심지어 교회 집사님인 상주의 사진이라고 해도 믿을 것 같았다. 막 예배를 드리려는 때 동네 주민이 조문을 왔다. 갈라지는 하이톤의 특이한 음색의 소유자여서 동네 사람들은 다 아는 남자였다. 성격이 급해 실수가 많은 사람이었다. 잠시 예배를 미루고 그가 조문하도록 자리를 내주었다. 조문 후 상주와 인사를 하는데 그가 예상치 못한 질문을 했다.

"통장님이 어쩌다 돌아가셨대유?" 당황한 상주는 작은 소리로 말했다. "제가 아니라 아버님께서 소천하셨습니다." 제대로 알아

듣지 못한 그는 상주의 말이 끝나기도 전에 한 음 더 올려 되물었다. "통장님이 지병이 있으셨슈?"

주변에 있던 교인들은 터져 나오는 웃음을 꾹꾹 눌러 참았다. 올 때는 소천하신 분이 누구인 줄 알고 왔는데 사진을 보고 순간적으로 착각한 것이다. 그 남자는 나중에 상황을 파악하고는 도망치듯 상갓집을 빠져나갔다. 이윽고 교인들이 장례 예배를 드리려고 자리에 앉았지만 차마 서로를 볼 수 없었다. 언제 웃음이 터질지 모르는 일촉즉발의 현장이었다. 예배 위원 중 웃음이 많은 두 사람이 가장 위험했다. 저들의 얼굴을 보는 순간 예배는 끝장이었다. '참아야 하느니라, 참아야 하느니라.'

상주들도 고개를 푹 숙였고 기도하는 이도 고개를 푹 숙였다. 다른 교인들도 고개를 푹 숙이고 입술을 깨물며 그 시간을 버텼다. 한 시간이 열 시간처럼 느껴졌다. 목사님 홀로 힘겹게 그 시간을 버텨냈다. 드디어 예배가 끝났다. 교인들은 결혼식을 핑계 삼아 서둘러 장례식장을 빠져나왔다. 나오자마자 누가 먼저랄 것 없이 모두 주저앉아 웃기 시작했다. 얼마나 웃었던지 눈물까지 흘렸다. 배 창자가 꼬이도록 웃었다. 다름 아닌 장례식장에서 일어난 일이다.

글사세 8기 박정란 사모가 쓴 글이다.

14
유머의 법칙 14: 재정의하라

유머의 핵심은 본질을 꿰뚫어 보는 것이고 그 방법의 하나가 재정의다. 여기에서의 재정의는 사전적 정의가 아니라 내가 그 사건과 사물을 보는 방식이다. 남들이 흔하게 생각하는 생각을 뛰어넘는 것이다. 이게 웃음을 끌어낸다. 다음은 내가 틈틈이 모은 재미난 재정의다. 분위기를 풀 때 사용하면 좋다.

굳게 다문 입술

추락의 신호다. 내세울 게 없는 사람, 속이 허한 사람, 본래 자신보다 더 괜찮아 보이고 싶은 사람이 자주 짓는 표정이다. 사실 별 볼 일 없는 경우가 많다.

뒤끝이 없다는 것

할 말과 하지 말아야 할 말까지 다 쏟아낸 사람들이 이로 인해 벌어진 일을 수습하기 위해 만들어낸 억지소리다. '뒤끝이 있다.' 라든지 '뒤끝이 없다.'는 당사자가 할 말이 아니다. 당한 사람에게 물어야 한다. 온갖 소리를 다 한 사람이야 그 사실을 잊을 수 있지만 들은 사람은 평생 잊지 못하는 경우가 있다. 뒤끝이 없다고 주장하는 건 상황 파악과 주제 파악이 되지 않았다는 증거다.

그러니 제발 뒤끝 없다는 소리를 하지 마라. 아니, 그런 말이 나올 상황을 만들지 마라. 제발, 말 좀 가려서 해라. 누군가 당신에게 그런 소리를 할 때 기분이 어떨지를 생각해보라. 그런 사람이 뒤끝이 없다고 말할 때의 기분을 상상해보라.

똥배

섭취량보다 활동량이 적을 때 나타나는 신체적 변화다. 똥배를 없애는 방법은 섭취량을 줄이든지, 아니면 활동량을 늘리든지 둘 중 하나뿐이다.

로스쿨

"공부는 잘하는데 뭘 해야 할지 모르는 학생들이 가는 곳이다." 홍정욱이 한 말이다.

만나지 않는 이유

만나지 않는다는 것은 만나고 싶지 않다는 것이다. 만날 사람은 어떻게 해서든 만난다. 만나지 않는다는 건 너를 만나는 것보다 중요한 일이 많다는 의미다. 언젠가 시간이 생기면 만날 수도 있다는 것이다. 이들이 만나기는 쉽지 않다.

만나고 싶은가? 진실인가? 그렇다면 연락을 해서 바로 날을 잡아라. 당신이 정말 만나고 싶다는 걸 증명하라.

말주변이 없는 경우

머릿속에 든 것이 없고 그마저 정리되지 않았을 때 나타나는 현상이다. 말주변을 높이는 최선의 방법은 독서다. 다양한 책을 읽고 요약하고 설명하면 조금씩 말주변이 좋아진다.

말 잘 듣는 아이

생각하지 않거나, 생각을 못 하거나, 설혹 생각해도 그 생각을 표현하지 못하는 아이다.

말이 많다는 것

"생각하는 기능이 약하다는 증거다. 말이 많은 사람에게 신뢰감이 가지 않는 것은 그의 내면이 허술하기 때문이고 또한 행동이 말을 앞세우기 때문이다. 말하기 전에 주의 깊게 생각하는 습관부터 길러야 한다. 말하는 것보다 귀 기울여 듣는 데 익숙해야 한다. 말의 충동에 놀아나지 않고 안으로 돌이켜 생각하면 그 속에 지혜와 평안이 있음을 그때마다 알아차릴 것이다. 말을 아끼려면 가능한 타인의 일에 참견하지 말아야 한다. 어떤 일을 두고 아무 생각 없이 무책임하게 타인에 대해 험담을 늘어놓는 것은 나쁜 버릇이고 악덕이다."

법정 스님이 한 말이다.

명예박사

"자신이 진짜 박사가 아니라는 사실을 대학이나 학술단체로부터 공식적으로 인정받은 사람이다."

작가 이외수가 한 말이다.

분노조절장애

미친놈 혹은 덜 떨어진 놈을 포장해서 부르는 말이다.

벤치마킹

일은 잘하고 싶은데 일할 역량은 안 되는 자들이 하는 행위다.

벼락치기

뭔가 한 것 같지만 남은 게 없는 그 무엇이다. 벼락치기로 한 살 빼기, 공부, 사귐 등등. 모든 것은 오래가지 않는다. 쉽게 얻은 건 쉽게 잃는다.

셀프

나를 부르지 말고 당신이 알아서 하라는 말이다. 대부분 원가 절감을 목적으로 만들어졌는데 원래의 영어 뜻과는 완전히 다르다. 콩글리시의 전형이다. 영어 중에 이런 영어가 제법 있다. 타향에 와서 고생하는 영어 말이다. 가든_{garden}도 그렇다. 정원을 뜻하는 영어지만 우리는 갈빗집 이름으로 쓴다. 살롱_{Salon}도 비슷하다. 우아하게 얘기를 나누는 곳이지만 우리는 거기에 룸을 붙여 남자들이 향락을 즐기는 장소가 됐다.

아프다는 것

혼자 힘으로 병원에 갈 수 없는 상태다. 그래서 원격진료를 해야 한다. 처방약을 단기간에 집으로 배달해야 한다.

야생닭

하루 1만 보 이상 걷는 닭이다.

페어웨이

나와는 아무 상관없는 쓸모없는 잔디다.

15
유머의 법칙 15: 발상을 전환해라

언제 지루해하고 언제 눈이 번쩍 뜨이는가? 하나 마나 한 얘기를 주고받을 때, 너도 알고 나도 아는 얘기를 할 때, 뻔한 소재에 뻔한 해석을 할 때, 아무 관심 없는 남 얘기를 들어야 할 때 난 괴롭다. 반대로 발상이 완전히 다른 얘기를 들으면 눈이 확 열린다.

그런 사례를 소개한다. 인천의 명문 제물포고와 인일여고는 붙어 있다 보니 제물포고 학생들이 자꾸 인일여고를 넘어오는 일이 벌어졌다. 화가 난 인일여고 선생들이 제물포고 길영희 교장에게 따졌다. 그러자 길영희 교장은 이렇게 대답했다. "벌이 꽃을 쫓아다니는 건 당연한 일입니다. 뭘 그런 걸로 문제 삼으십니까?" 기막힌 답변이다.

나 또한 비슷한 얘기를 주고받은 적이 있다. 제주도에 사는 학부형이 서울로 유학 온 아들이 여자를 사귀는 것 같다며 걱정이 늘어놓았다. 왜 하라는 공부는 하지 않고 연애를 하냐는 것이다. 난 이렇게 답했다. "멀쩡한 청춘이 연애하는 게 문제입니까, 아니면 연애를 안 하는 게 문제입니까?" 전혀 문제가 되지 않는 걸 문제로 생각하는 당신이 문제일 수 있다는 것이다. 발상의 전환에 관한 사례를 몇 가지 모아봤다.

조상 덕 본 사람

조상 덕 본 사람들은 노느라 다 해외로 나갔는데 조상 덕 못 본 사람만 부엌에서 허리가 휘어진다는 우스갯소리가 있다. 남자들은 상에다가 절만 하면 되는데 정작 다른 성씨들만 모여 남의 조상을 위해 상 차리느라 고생한다는 얘기와 비슷하다.

자네도 한잔할 텐가?

16세기 문인 임형수는 조정을 비난하는 벽서를 썼다는 죄목으로 사약을 받을 때 옆에 있던 의금부 서리에게 "자네도 한잔할 텐가?"라는 농담을 걸었다.

집 없는 설움

물방개가 다슬기에게 말했다. "너는 한평생 집 없이 떠도는 자의 슬픔을 아느냐? 평생 단독주택에서 평온하게 살아가는 다슬기 따위가 알 리가 없지." 그러자 다슬기가 물방개에게 말했다. "너는 한평생 집을 짊어지고 땅바닥을 기어다녀야 하는 자의 비애를 아느냐?" 남의 떡은 늘 커 보이는 법이다. 우리는 자신의 고통만을 과장해서 생각하는 경향이 있다.

더 힘든 사람

단체 여행 중 사라진 한 친구를 엄청나게 헤맨 끝에 겨우 만났다. 막 야단을 치자 그가 말했다. "형, 너무 화내지 마. 형은 나 하나만 잃어버렸지만 난 23명을 모두 잃어버렸단 말이야. 힘들어도 내가 23배 더 힘들단 말이야."

일본 수출품

이상재 선생이 조선미술협회 창립행사에서 이토 히로부미를 비롯해 이완용, 송병준 등 매국노를 만났다. 이상재 선생이 이렇게 말했다. "대감들이 일본으로 이사 가면 좋을 것이요. 대감들은 나라 망하게 하는 데는 천재니까 일본으로 가시기만 하면 일본이 망할 것 아닙니까?"

16
유머의 법칙 16: 군소리를 빼라

참 쓸데없는 말, 아무 소용없는 말을 많이 하면서 산다. "이런 말 하지 않으려 했는데……"라고 말하면서 사람 속을 긁는 사람들이 있다. 그럼 하지 않으면 된다. 왜 그런 말을 굳이 꺼내는가? 누굴 위해 그러는가? 상대방을 위한 것 같지만 사실 자신을 위한 것이다. "기분 나쁘게 들릴지 모르겠지만……"이라면서 얘기를 시작하는 사람도 있다. 자신이 생각해도 상대가 기분 나빠할 것 같은데 듣는 상대가 기분 좋을 리 있는가? 기분 나쁘게 들릴 말을 하는 이유가 무엇인가? 이 말 듣고 제발 네 기분 좀 나빠지라는 것이다. 고약한 심보다. '그쪽 걱정이 돼서 하는 얘기인데……'라며 굳이 안 해도 될 얘기를 한다. 근데 정말 걱정이 되는 것일까? 말은 그렇게 하지만 사실 제발 걱정 좀 하라는 얘기다. 아무 걱정 없이 사는 네가 미워 걱정거리를 주고 싶다는 말이다. 이런 말은 가능한 한 하지 말아야 한다.

스피치를 할 때도 그렇다. "내가 이런 말 할 자격은 없지만……"이라고 말을 시작하는 이들이 있다. 참 김새는 일이다. 자격이 없는 사람이 이런 자리에 선 이유는 무언가? 그런 얘기를 할 사람이면 이런 자리에 서지 말았어야지, 듣는 우리들은 뭐가 되는가? 자격도 없는 사람이 하는 말을 시간 아깝게 들어야 하는가? 정말 아무짝에도 소용없고 해서는 안 되는 말이다. 수시로 "앞에서도 말했지만……"이란 말을 하는 사람도 있다. 듣고 보면 앞에서 말 안 한 경우가 대부분이다. 또 앞에서 말했다는 말을 굳이 하는 이유는 무언가? 만약 했다면 듣는 사람이 알아서 판단하면 된다. 그보다 더한 말은 "여러분도 다들 알다시피……"란 말이다. 이 말을 들을 때마다 '내가 아는지 모르는지 당신이 어떻게 아는가? 그런 말을 하는 저의가 무언가?'라는 질문을 던지고 싶은 충동을 느낀다. "솔직히 말씀 드려서……"라는 얘기를 계속 반복하는 사람도 있다. 그럼 이 말 외에는 다 솔직하지 않은 얘기를 했다는 건가? 모두 쓸데없는 말이다. 말을 할 때는 핵심적인 얘기만 하면 된다. 이런 곁말이 많아지는 이유 중 하나는 자신이 하는 말에 알맹이가 없기 때문에 자꾸 이런 말로 희석시키는 것 아닐까?

하나 마나 한 말도 참 많다. 대표적인 것이 "힘내라!"라는 말이다. 힘이란 게 내고 싶다고 낼 수 있는 것인가? 예전에 어떤 여성 코치에게 잠시 운동 코치를 받은 적이 있다. 힘든 운동을 12번씩 서너 세트 반복해야 하는데 마지막이 가까워지면 그녀는 습관적으로 "힘내세요. 거의 다 됐어요."라는 말을 했다. 난 그 말이 듣기 싫었다. 그 말을 들으면 이상하게 힘이 빠졌다. 힘이란 게 내고 싶다고 낼 수 있고, 내기 싫다고 내지 않을 수 있나? 어차피 힘을 내건 힘을 빼건 내가 알아서 하는 건데 왜 자꾸 옆에서 그런 쓸데없는 얘기를 하는지 이해할 수 없었다. 그녀가 미안해할까 얘기는 안 했지만 난 그 말을 들을 때마다 오히려 힘이 빠졌다. 난 차라리 옆에서 지켜보며 눈으로 격려하는 것이 힘을 낼 때 도움이 된다고 생각한다. 힘이 들어 보이면 안아주든지, 맛난 걸 사주든지, 가벼운 선물을 하는 게 낫다.

"힘을 빼라."라는 것도 그렇다. 힘이란 건 빼고 싶다고 뺄 수 있는 게 아니다. 잘 들어주든지, 웃게 하든지, 재미난 얘기를 해주는 게 낫다. "스트레스 받지 마라."라는 말도 그렇다. 스트레스는 안 받겠다고 결심한다고 받지 않는 게 아니다. 이를 어떻게 인식하느냐의 문제다. 스트레스를 받지 말라는 말은 공기가 나쁘니까 공기를 마시지 말라는 말과 같다. 숨을 쉬지 말라는 말이다. 나를 위한다고 하는 말이지만 별 도움이 되지 않는 말이다.

　난 말과 글로 밥을 먹지만 말 잘하는 사람을 보면 부러울 때가 있다. 최근 넷플릭스에서 「비커밍」이란 다큐멘터리를 봤다. 미국의 퍼스트레이디였던 미셸 오바마가 주인공이다. 『비커밍』이란 책을 낸 이후 전국을 순회하면서 대담하는 걸 모은 다큐멘터리였다. 그녀가 똑똑하다는 건 알았지만 그 정도일 줄은 몰랐다. 난 감탄을 금치 못했다. 사람의 얘기를 경청하는 모습, 어려운 질문에 통찰력 있게 답변을 하는 모습, 유머와 재치로 좌중을 웃기는 모습이 보기 좋았다. 군소리 제로에 핵심과 재치로 이루어진 완벽한 말의 잔치였다. 여러분이 하는 말을 잘 들여다보길 바란다.

17
유머의 법칙 17
: 여섯 가지 조건을 활용해서 소통하라

많은 사람이 소통의 중요성을 강조한다. 근데 소통이란 무얼까? 한자로 소통疏通의 소는 틀 소다. '말을 튼다.' '말을 놓는다.'라는 뜻이다. 나를 드러내어 상대를 무장해제시켜 서로의 생각을 나눈다는 것이다. 근데 소통을 가장 효과적으로 하는 방법이 있다. 바로 웃음이다. 상대를 웃게 할 수 있다면 훨씬 원활한 소통을 할 수 있다.

여러분이 속한 조직은 잘 웃는가? 웃음이 넘쳐나는가? 누군가 얘기하면 폭소를 터뜨리는가? 아니면 늘 월하의 공동묘지처럼 심각한가? 그렇게 종일 인상 쓰면서 일하면 힘들지 않은가? 잘 웃지 않는 조직들이 있다. 웃으면 안 되는 조직도 있다. 군대가 그렇다. 신병훈련소에서 일어난 일이다. 점호시간에 돌아가면서 번호를 복창하는데 여덟 번째인 깡촌 출신이 '여덟'을 '야닯'으로 발음했다. 다시 하라고 했는데 여전히 '야닯'이다. 몇 번 그런 일이 반복되는데 웃음을 참지 못한 한 명이 웃기 시작하면서 나머지도 다 웃음을 터트렸다. 결과는? 볼 것도 없다. 중대 전원이 연병장을 돌았다. 군대에서는 웃는 것이 금기다. 독재자도 그렇다. 독재자는 웃지 않고 웃지 못하게 한다. 독재자는 공포심으로 정치를 하는데 웃으면 공포심이 사라지거나 누그러지기 때문이다.

근데 왜 웃게 될까? 웃으면 뭐가 좋을까? 흔히 빵 터졌다고 말한다. 뭔가 억눌려 있던 것이 한순간에 분출되는 에너지 이론이다. 우쭐한 기분을 느껴 웃는 우월 이론도 있다. 남의 고통을 보면서 기뻐한다는 뜻의 샤덴프로이데라는 독일 말이 그걸 표현했다. 가장 흔한 건 인지적 불일치 이론이다. 난센스 퀴즈가 대표적이다. 몇 가지 아재개그 사례를 소개하겠다. 세종대왕이 만든 우유는 뭘까? '아야어여오요우유'다. 소금을 가장 비싸게 파는 방법은 뭘까? 소와 금을 따로 파는 것이다. 유머를 유발하는 요소 중 하나는 반전과 불일치이며 다른 하나는 안전함과 유희성이다. 상식과 통념을 뒤집되 심각하지 않은 상황에서 나온다.

유머 발휘를 위한 여섯 가지 조건을 소개한다.

첫째, 포착이다. 탁월한 유머는 남다른 시선에서 나온다. "결혼하는 여성은 많은 남성의 관심을 한 남성의 무관심과 교환하는 것이다." 미국의 칼럼니스트 헬렌 롤런드의 말이다. "성공이란 동료에게 범하는 용서받지 못할 한 가지 죄다." 『악마의 사전』에 나오는 성공의 정의이다. 결혼과 성공을 남과 다른 시선으로 본다. 이처럼 유머의 본질은 의외의 통찰이며 남들이 보지 못하는 걸 보는 것이다.

둘째, 표현이다. 유머의 토대는 어휘력이다. 동의어, 유의어, 반대말 등 풍성한 언어의 데이터베이스가 필요한데 그런 일에 능한 사람이 시인이다. "원하는 건 가져가 / 꿈꾸는 건 방해 마" 하상욱이 쓴 「모스키토」라는 시다. 무는 건 좋은데 잠은 깨우지 말라는 것이다. "차가 지나갔다. 웅덩이가 날개를 편다." 유강희 시인의 「차가 지나갔다」라는 동시다. 웅덩이 물을 튀기며 지나가는 차를 이렇게 표현한 것이다. 유머 감각을 키우려면 언어의 창고를 풍성하게 만들어야 한다.

셋째, 연기다. 아이들은 어른들을 흉내 내면서 세상을 배운다. 상황을 설정하고 일정 역할을 분담하여 수행한다. 다른 존재로 변신해 소통하고 관계를 맺는다. 영어 퍼슨person은 가면을 뜻하는 그리스어 페르소나persona에서 왔다. 페르소나는 겉으로 드러나는 인격이라는 뜻이다. 여러분은 어떤 가면을 주로 쓰고 있는 가? 가면을 시의적절하게 잘 바꿔 써야 한다. 문제는 하나의 가면만 걸치고 있어 역할이 경직되는 것이다. 가면이 몸에 고착되어 무대가 바뀌었는데도 적응하지 못한다. 권력과 지위로 자존심을 유지해온 사람들, 가부장적 의식이 체질화된 남성들이 그렇다.

넷째, 동심이다. "사과 열 개 중 세 개를 먹으면 몇 개가 남지?" 이 질문에 초등학생이 세 개라고 답했다. 이유를 묻자 "우리 엄마가 먹는 게 남는 거래요."라고 말했다. 전철 안에서 아이가 말썽을 피우자 엄마가 질문했다. "세상에서 어떤 사람을 엄마가 제일 싫어하는 줄 알아?" 아이는 크게 "아빠!"라고 대답했다. 아이들은 이처럼 본 대로 느낀 대로 눈치 보지 않고 말한다. 그게 귀여워서 웃게 된다.

다섯째는 넉살이다. 엉뚱한 걸 감행하는 배짱이다.

여섯째는 공감이다. 사소한 농담에도 화답하는 여유가 있어야 한다.

근데 웃음에는 나쁜 웃음이 있다. 남을 조롱하는 유머, 다 같이 웃을 수 없는 유머 등이 그렇다. 흔히 "농담한 걸 갖고 왜 그래?"라고 말하는 사람이 있다. 그 사람은 농담으로 했지만 듣는 사람에게 농담이 아닌 건 더 이상 농담이 아니다. 판단은 듣는 사람의 몫이다. 예전 내 상사는 자신의 대머리를 늘 유머의 소재로 삼곤 했다. 난 이런 유머가 좋은 유머라고 생각한다. 유머의 인프라는 신뢰다. 믿음이다. 별거 아닌 얘기도 서로 신뢰하고 좋아하면 웃게 된다. 조직에 신뢰가 없고 안전하지 않으면 아무리 재미난 얘기를 해도 웃지 않는다.

난 그 사람이 웃는 걸 보면서 그 사람이 어떤 사람인지 짐작한다. 별거 아닌 일에도 잘 웃는 사람과는 같이 있고 싶지만 남들이 다 웃는 일에도 어금니를 꽉 깨문 채 절대 웃지 않는 사람은 가능한 만나고 싶지 않다.*

---

* 김찬호의 저서 『유머니즘』을 요약함

18
유머의 법칙 18: 3 더하기 1을 활용하라

여성의 시대가 되는 사례로 가장 많이 거론되는 유머가 있다. 10년 후 법정의 모습이다. 판사도 여성, 검사도 여성, 변호사도 여성, 범인만 남성. 이런 식으로 전개된다. 앞에 셋을 여성으로 깔고 마지막에 반전을 주면 사람들은 빵 터진다.

딸 선호에 관한 유머도 이런 장치를 활용했다. 이른바 메달 시리즈다. 딸 둘에 아들 하나는 금메달, 딸 둘이면 은메달, 딸 하나에 아들 하나면 동메달, 그렇다면 아들만 둘인 것은? 정답은 누구나 아는 목메달이다. 아들 숫자를 하나씩 늘려가면서 메달 색깔을 바꾸는데 마지막 목메달이 절정이다. 다른 메달은 메달의 색깔이지만 목메달은 목을 매달라는 말이니 어찌 안 웃을 수 있는가?

나는 변화에 관한 사람들의 태도를 얘기하면서 이런 장치를 활용한다. 변화와 관련해 네 종류의 사람이 있다. 첫째, 스스로 불타는 사람이다. 이들은 동기부여할 것이 없다. 알아서 불이 붙기 때문이다. 5% 정도밖에 되지 않는다. 둘째, 남이 불을 붙이면 붙는 사람이다. 셋째, 아무리 불을 붙여도 불이 붙지 않는 사람이다. 무기물질 같다고 할 수 있다. 그렇다면 마지막은? 불을 끄는 소화기 같은 사람이다. 이 부분에서 사람들이 웃는다.

유머에는 이런 장치가 유용하다. 앞에 몇 가지를 늘어놓고 마지막을 뒤집는 것이다. 너무 많은 것보다는 셋이나 넷 정도가 적당하다. 나이대별로 잠자는 형태에 관한 우스개도 같은 구성이다. 20대는 포개어 잔다. 30대는 마주 보고 잔다. 40대는 나란히 잔다. 50대는 등을 보고 잔다. 60대는 따로 잔다. 그렇다면 70대는? 상대가 어디서 자는지 모른다. 웃지 않을 수 없다.

고수와 중수와 하수의 차이에 관한 유머도 이런 방식이다. 하수는 상대가 물어보지 않아도 가르쳐준다. 중수는 물어보면 가르쳐준다. 그렇다면 고수는? 돈을 내야 가르쳐준다.

3장
유머의 다양한 소재들 17

Humor

1
소재 1: 공통점을 찾아라

야생동물과 직장생활이 맞지 않는 사람의 공통점

1. 식성이 까다롭다. 코알라는 유칼립투스 잎만 먹는다. 직장
생활을 잘하려면 아무거나 잘 먹어야 한다. 까다로운 사람은 자
기가 회사를 차리는 게 낫다.

2. 성장 속도가 느리다. 코끼리나 고릴라는 15년은 키워야 한
다. 입사 때나 과장 때나 변화가 없거나 느린 사람은 조직에 맞
지 않는다.

3. 번식 습성이 까다롭다. 끈질기게 구애하지 않으면 배란 자
체가 안 되는 종을 어쩔 것인가?

4. 성격이 골치 아프다.

5. 겁이 너무 많아 통제가 안 된다. 가젤은 9미터 높이까지 뛰어오를 수 있고 시속 80킬로미터로 달릴 수 있다. 걸핏하면 내달리고 닥치는 대로 들이받는다. 울타리가 10미터는 넘어야 하고 벽이 튼튼해야 한다.

6. 사회적 특성이 부족하다. 무리 지어 생활한다고 모두 사회성이 우수한 것은 아니다. 오합지졸은 위계질서가 없다. 통제가 어렵다.

주酒님과 주主님의 공통점

어디에나 계시고, 기적을 행하시고, 속에 있는 걸 다 보여주신다.

높은 사람과 중죄인의 공통점

1. 독방에 갇혀 있다. 일반인들은 큰 사무실에서 다 같이 지내는 반면 높은 사람과 중죄인은 대부분 큰 방에서 혼자 지낸다.

2. 간수가 이들을 지킨다. 나 같은 사람은 늘 혼자 다닌다. 아무의 감시도 받지 않는다. 높은 사람일수록 지키는 사람이 많다. 기사와 비서는 기본이다. 아주 높은 사람에게는 보디가드까지 있고 총으로 무장했다. 이들의 주 임무는 높은 사람의 일정을 관리하고 일정대로 높은 사람을 움직이게 하는 것이다.

3. 독립성이 떨어진다. 높은 사람은 직접 하는 게 없다. 대부분 남의 손을 빌린다. 자기 일정도 비서가 기억하고 전화도 대신 걸어주고 글도 대신 읽게 한다. 운전도 하지 않는다. 그렇기 때문에 그 자리에서 내려오면 할 줄 아는 게 없다. 운전도 못하고 팩스도 못 보내고 전철도 탈 줄 모른다. 점점 사회부적응자가 된다.

죄수도 그렇다. 죄수는 늘 정해진 일정에 따라 움직인다. 때가 되면 밥 먹고, 운동하고, 책 보고…… 자신이 독립적으로 할 수 있는 게 없다. 시간이 흐를수록 사회적응력이 떨어진다.

4. 그 자리를 떠나도 전과前科 때문에 다른 일을 하기가 어렵다. 한 번 장관이면 영원한 장관이다. 다른 일을 하려고 하면 다들 뭐라고 뒷말한다. 너무 높은 자리에 오르면 그다음 자리는 사라진다. 대통령을 하던 사람이 다른 곳에 취직할 수는 없다. 죄수도 그렇다. 전과자라는 낙인이 찍히면 취직이 어렵다.

5. 늘 티를 내고 다닌다. 권력을 맛본 사람은 어깨에 힘이 들어간다. 늘 대접받으려 하고 남이 알아주지 않으면 화를 낸다. 죄인은 온몸에 문신하고 동네 목욕탕에서 거들먹거린다. 남들이 자신을 두려워한다고 착각한다. 이래저래 재미난 세상이다.

거지와 교수의 공통점

뭔가 들고 다닌다. 늘 뭔가를 구걸한다. 월급이 적다. 주는 것 없지만 대가를 바란다. 오라는 데는 없어도 갈 곳은 많다. 되기는 힘들지만 일단 되면 평생 한다.

자기 핸디캡과 바퀴벌레의 공통점

언젠가는 드러난다.

애기와 애견의 공통점

둘 다 귀엽다. 핵심역량이 귀엽다는 것이다. 둘 다 손이 많이 가고 돈도 많이 든다. 친해지면 반색한다. 낯선 사람과 이어준다. 이들을 매개로 얘기를 나눌 수 있다. 세상을 밝게 한다.

음주운전과 졸음운전의 공통점

둘 다 본인은 물론 다른 사람의 생명까지 빼앗을 수 있는 위험한 행동이다. 그런 위험을 알지만 계속 그런 행동을 반복한다. 자신이 그렇다는 사실을 인지하지 못한다. 그 상태에서 일한다고 생각하지만 실제 영양가는 별로 없다.

깡패와 정치인의 공통점

선거 때만 되면 설친다. 돈 주라고 한 적 없는데 그냥 가져다 준 거라 우긴다. 자기가 관리하는 곳을 지역구라 부른다. 각종 이권에 개입한다. 딸내미 중에 골프 잘 치는 애들도 있다. 도박을 좋아한다. 둘이 구분 안 될 때가 종종 있다. 조직 중에 전과자가 많다. 주로 정장 차림이다. 언젠가 반드시 심판받는다.

주식과 결혼의 공통점

희망찬 기대를 하고 시작한다. 결과를 누구도 예측할 수 없다. 증자를 한다. 자기는 이미 했으면서 남들에겐 하지 말라고 한다.

자동차와 골프의 공통점

아내에게 가르쳐주려다 부부 사이에 금이 갈 공산이 크다. 주말에 나가면 항상 밀려서 기다리거나 천천히 갈 수밖에 없다. 중간에 휴대전화를 받다가 많이 망가진다. 해가 지면 라이트를 켜거나 중단하는 것이 현명하다.

자식과 골프의 공통점

똑바로 보내기가 어렵다. 끝까지 눈을 떼면 안 된다. 안 될수록 붕붕 띄워야 한다. 비싼 과외를 받는다고 꼭 잘되는 건 아니다. 자식 나이가 18살이 지나거나 골프가 18홀을 지나면 내가 할 게 없다. 한번 연을 맺으면 끊기 어렵다.

공산당은 못 말려

공산당은 몇 가지 특징이 있다.

첫째, 거짓말을 잘한다. 곧 들통날 것도 천연덕스럽게 거짓말을 한다. 들통이 나면 또 다른 거짓말로 그 상황을 모면한다. 둘째, 절대 사과하지 않는다. 그들은 이념에 사로잡힌 자들이다. 늘 명분이 있고 자신이 옳다고 생각한다. 그들 사전에 사과나 미안이라는 단어는 존재하지 않는다. 셋째, 편을 나누어 서로를 미워하게 만드는 데 선수다. 그들은 뭔가 건설하기보다 남들이 만들어놓은 걸 부정하고 파괴하는 데 능하다. 편 가르기가 이들의 주특기다. 넷째, 남을 비판하는 데는 선수지만 자신이 비판받는 건 견디지 못한다. 무엇보다 이들은 협잡과 모략을 만드는 것에 능하다. 솔직함을 경멸한다. 당연히 웃음이 없다. 가끔 웃을 때가 있는데 남을 비아냥거릴 때가 그때다. 이와 같은 공산당의 특징을 희화한 공산주의 10대 농담을 소개한다.

(1) 이래 죽으나 저래 죽으나 죽긴 마찬가지네

세 명의 노동자가 감옥에 갇혔다. 그들은 서로에게 어쩌다 끌려왔는지 물었다. 첫 번째 남자가 말했다. "나는 매일 10분씩 회사에 지각했어요. 그랬더니 나보고 사보타지(태업)를 하냐며 이곳으로 보내더군요." 두 번째 남자는 그 반대였다. "나는 매일 10분씩 일찍 출근했더니 스파이로 몰아세우며 이곳에 보내더군요." 세 번째 남자는 억울하다는 듯 말했다. "나는 회사에 매일 정시에 출근했어요. 그랬더니 왜 서방 세계의 시계를 사용하느냐며 이곳으로 보내더군요."

(2) 죽음보다 무서운 게 KGB네

한 노인이 자신의 낡아빠진 집에서 죽어가고 있었다. 그때 갑자기 누군가 문을 쾅쾅 두드리는 소리가 들렸다. 노인이 말했다. "누구시오?" 죽음의 사신이 답했다. "당신을 데려가러 왔소." 그러자 노인이 말했다. "하느님, 감사합니다. 저는 KGB가 온 줄 알았습니다."

(3) 그럼 누가 투고를 하냐고

구소련 공산당 중앙위원회의 공식 기관지인 프라우다는 독자

투고를 환영했다. 하지만 투고자는 반드시 자신의 이름, 주소, 친척에 대해서 밝혀야 했다.

(4) 누구도 믿을 수 없어

KGB는 왜 항상 3인 1조로 활동했을까? 세 명 중 한 명은 읽고, 다른 한 명은 쓰고, 또 다른 한 명은 그 둘을 감시해야 했거든.

(5) 뭐 눈엔 뭐만 보인다더니

구소련 당서기장이었던 브레즈네프가 프랑스에 방문했을 때 일이다. 엘리제궁을 방문한 브레즈네프는 화려한 궁 내부를 보고도 시큰둥한 반응을 보였다. 루브르 박물관에서도 유물에 별 관심을 보이지 않았다. 샹젤리제 거리를 지나 개선문을 통과할 때도 마찬가지였다. 하지만 마지막 방문지 에펠탑에서는 놀라움을 표하며 말했다.

"파리는 인구가 900만 명이나 되는데 감시탑 하나로 되겠소?"

(6) 이 말을 들은 스탈린의 반응이 궁금하네

스탈린이 변장을 하고 민정 시찰에 나섰다. 그가 방문한 곳은 영화관이었다. 영화 상영이 끝나자 거대한 스탈린 초상화가 스크

린에 비쳤고 소련 국가가 연주됐다. 관객이 모두 벌떡 일어서 국가를 합창하기 시작했다. 변장한 스탈린은 모자를 눌러쓴 채 자리에 가만히 앉아 있었다. 그때 뒷자리에 앉아 있던 사람이 조용히 스탈린 귀에다 속삭였다. "동무, 우리 모두 당신과 똑같은 마음이네. 하지만 우리처럼 기립하는 게 자네 신변에 안전할 걸세."

(7) 이것이 계획경제다

구소련 시절 한 남성이 수년 동안 저축해 드디어 자가용을 사게 됐다. 하지만 3년 뒤에나 차가 출고될 것이라는 얘기를 들었다. 그가 담당자에게 물었다. "3년 뒤? 3년 뒤 몇 월이요?" "8월이오." "8월 며칠?" "8월 2일이오." "오전 아니면 오후?" "오후요. 뭐가 그리 궁금하오?" "그날 오전 배관공이 오기로 했단 말이오."

(8) 나는 네가 어떤 사람인지 잘 알고 있다

동독 비밀경찰 슈타지 출신자들이 베를린에서 최고의 택시 운전사로 꼽히는 이유는? 택시를 탄 후 이름만 말하면 당신이 사는 곳까지 데려다주기 때문에.

(9) 그것도 혜택이라면 혜택이네

1970년대 최악의 추위가 찾아온 모스크바의 푸줏간 1호점에서 고기 세일을 할 거라는 소문이 나돌았다. 모스크바 시민들은 강추위에도 불구하고 담요와 보드카로 무장하고서 하루 전날 밤부터 푸줏간 1호점 앞에 줄을 길게 늘어섰다. 새벽 3시가 되자 푸줏간 주인이 문을 열고 나왔다. "동무들, 중앙당에서 고기가 충분하지 않다는 얘기를 들었습니다. 줄 선 사람 중 유대인들은 돌아가 주시오."

유대인들은 어쩔 수 없이 집으로 돌아갔다. 다시 춥고 배고픈 기다림이 계속됐다. 아침 7시에 푸줏간 주인이 다시 나왔다. "동무들, 중앙당에서 다시 메시지가 왔습니다. 오늘은 고기가 없답니다. 모두 집으로 돌아가세요." 그러자 군중이 웅성거리기 시작했다. "유대인들이 언제나 행운을 차지하는군."

(10) KGB는 공부할 필요가 없네

KGB 요원이 공원을 순찰하다가 유대어를 공부하고 있는 유대계 노인을 발견했다. "노인, 왜 유대어를 공부하시오?" 노인이 대답했다. "내가 죽어서 천국에 갈 때를 대비해 배운다오. 천국에서는 유대어를 쓰거든요." KGB가 다시 물었다. "지옥에 가면

어쩌려고요?" 노인이 태연하게 말했다. "러시아어는 벌써 알고
있으니 걱정 없소."

2
소재 2: 변화를 짚어줘라

생명의 원칙 중 하나는 변화이고 변화를 일으키는 제1원인은 바로 시간이다. 세월이 흐르면서 사람은 변한다. 몸이 변하고, 마음이 변하고, 사는 모습이 변하고, 관심 분야가 변한다. 누구나 그 사실을 느끼고 있는데 누군가 그 변화를 정확히 짚어주면 빵 하고 터진다. 그래서 나이에 관한 유머를 즐긴다.

없는 것

10대는 철이 없다. 맞는 말이다. 20대는 답이 없다. 무얼 어떻게 해야 할지 모른다. 30대는 집이 없다. 요즘은 평생 집이 없는 사람도 있긴 하지만. 40대는 돈이 없다. 버는 건 적은데 쓸 곳은 많아서 그렇다. 50대는 일이 없다. 변화가 빠르고 안정이 사라진 지금 이 말은 점점 더 유효해질 거 같다. 직장에서 잘리고 사회에 나와보니 할 일이 없다. 60대는 낙이 없다. 직장도 없고 돈도 없고 지하철을 공짜로 타는 나이에 낙이 없을 것 같다. 하지만 내가 이 나이가 되고 보니 다 그런 거 같지는 않다.

나도 내 친구들도 지금이 가장 낙이 많은 거 같다. 직장과 아이 키우는 일로부터 자유롭고, 건강도 아직은 쓸 만하고, 아직 사람들이 날 찾는다. 최고의 나이란 생각이다. 70대는 이(치아)가 없다. 이 역시 예전에는 맞았을 수 있지만 지금은 맞지 않는다. 80대는 처(배우자)가 없다. 90대는 꿈이 없다. 100대는 다 없다. 100세가 넘으신 김형석 교수를 보면 다 맞지는 않는 것 같다. '나이에 따른 없는 것' 시리즈도 바뀌어야 할 것 같다. 현재 여러분은 무엇이 없는가? 없기 전까지는 있다는 사실을 인지조차 못 하는 건 아닐까?

성공한 사람들

10대는 성공한 아버지를 둔 사람이 가장 성공한 사람이다. 좋은 부모 밑에서 태어나는 것도 실력이라고 한 어떤 싸가지 없는 사람의 말이 연상된다. 20대는 좋은 학벌을 가진 사람이다. 어느 정도 사실이다. 30대는 좋은 직장을 다니는 사람이다. 동의할 수 있다. 40대는 2차를 쏠 수 있는 능력이 있는 사람이다. 50대는 공부를 잘하는 자녀를 둔 사람이다. 50대는 성공의 잣대를 들이대는 대상이 달라진다. 본인에서 자식으로 이전한다. 60대는 아직 돈을 벌 수 있는 사람이다. 70대는 아직 건강해 두 발로 자유롭게 움직이는 사람이다. 이 말을 들으면 경로당 노인들의 소개팅이 생각난다. 이들이 가장 먼저 하는 질문이 '그 사람 자기 다리로 걸을 수 있어?'라고 한다. 80대는 본처가 밥을 차려주는 사람이다. 90대는 전화 오는 사람이 있는 사람이다. 100대는 아침에 눈을 뜰 수 있는 사람이다.

우유

어릴 때는 머리가 좋아지라고 아인슈타인 우유를 먹인다. 그다음에는 서울대학교를 가라고 서울우유를, 그다음에는 서울대학교는 힘들 것 같으니 연세대학교를 가라고 연세우유를 먹인다. 학교 기준이 점점 낮아진다. 건국우유와 삼육우유 등으로 바뀐다. 나중에는 빙그레 우유다. 인생 뭐 있냐는 것이다.

교수법

젊어서는 아는 것 모르는 것 다 가르친다. 조금 시간이 지나면 아는 것만 가르친다. 그다음은 필요한 것만 가르친다. 마지막은 기억나는 것만 가르친다.

평등화 현상

40대는 지식의 평등이다. 좋은 학교 나온 놈이나 그렇지 않은 놈이나 똑같다. 50대는 외모의 평등이다. 잘생긴 놈이나 그렇지 않은 놈이나 비슷하다. 배 나오고 평퍼짐해진다. 60대는 남녀의 평등이다. 누가 남자인지 여자인지 구분이 없다. 70대는 건강의 평등이다. 아픈 사람이나 건강한 사람이나 같다. 80대는 재물의 평등이다. 돈 있는 놈이나 없는 놈이나 같다. 90대는 생사의 평등이다. 산 놈이나 죽은 놈이나 같다.

세월 앞에 장사 없다

똑똑한 사람이 예쁜 사람을 못 당하고, 예쁜 사람은 시집 잘 간 사람을 못 당하고, 시집 잘 간 사람은 자식 잘 둔 사람을 못 당하고, 자식 잘 둔 사람은 건강한 사람을 못 당하고, 건강한 사람은 세월을 못 당한다. 세월 앞에 장사 없다는 말은 진리 중 진리다.

3
소재 3: 사자성어를 활용해라

술에 관한 사자성어

일취월장: 일요일에 취하면 월요일은 장난이 아니다. 일요일에 술 마시는 걸 자제하라는 사자성어다.

참고로 술을 낮에도 마시고 밤에도 마시는 사람을 이르는 영어: Not only but also(낮온리밤올소)다.

주경야독: 낮에는 가벼운 술, 밤에는 독한 술이라는 의미다.

적반하장: 적당한 반주는 하나님도 장려하신다. 모두 술 좋아하는 아저씨들이 만들어낸 유머다.

유비무환: 비 오는 날은 손님이 없다.

우후죽순: 하지만 비 온 뒤 손님들이 몰려온다.

백문이 불여일견: 백 번 묻는 놈은 개만도 못하다.

인명재처: 사자성어를 새롭게 해석하는 건 또 다른 재미다. 비슷한 개념으로 '인명재처人命在妻'가 있다. 사람 목숨은 하늘에 달려 있다는 '인명재천人命在天'을 응용한 것이다. 남자의 수명은 부인에게 달려 있다는 말인데 일리가 있다. 부인에 따라 남자의 삶이 달라지기 때문이다. '진인사대천명盡人事待天命'을 응용한 '진인사대처명盡人事待妻命'도 흥미롭다. 최선을 다해 일하고 아내의 명령을 기다린다는 말이다. 늘 아내의 지시를 기다리는 남자들에게 유용하다. '수신제가'도 재미있다. '손과 몸'으로 하는 일은 '제가' 하겠다는 뜻이다. 참고로 난 해당 사항이 없다.

골프에 관한 사자성어

금상첨화: 폼도 좋고 스코어도 좋다.

유명무실: 폼은 좋은데 스코어가 나쁘다.

천만다행: 폼은 나빠도 스코어가 좋다.

설상가상: 폼도 나쁘고 스코어도 나쁘다.

이 조합은 돈과 건강 등의 조합으로 다양하게 사용할 수 있다. 돈도 있고 건강도 있는 건 금상첨화, 돈은 있지만 건강이 나쁜 건 유명무실, 돈은 없지만 건강한 건 천만다행, 둘 다 없는 건 설상가상이다.

4
소재 4: 상사를 웃겨라

고압적이고 카리스마 넘치는 상사를 모신 적이 있다. 열등감으로 똘똘 뭉쳐 별것 아닌 걸로 꼬투리를 잡아 항상 부하직원들을 힘들게 했다. 그 사람과는 말도 섞고 싶지 않았다. 가능한 그의 눈을 피하는 게 상책이었다. 근데 그 상사는 회식을 좋아했고 늘 전원 참여를 강조했다. 회식 때도 술만 마시면 좋을 텐데 자꾸 이상한 유머를 얘기하면서 우리에게 웃음을 강요했다. 그래도 어쩌겠는가. 상사가 나름 재미난 얘기를 준비했으니 억지 춘향으로 웃어야 했다. 사실은 재미없지만 재미있는 것 같은 표정을 지어야 했다.

근데 어느 회식에서 한 친구가 벽에 등을 기대고 삐딱한 태도를 보였다. 다들 웃는데 한 사람이 웃지 않으니 상사가 그 친구에게 왜 웃지 않느냐고 따졌다. 그 친구는 표정 변화 없이 이렇게 말했다. "전 오늘까지만 회사 다니잖아요." 그 말에 직원들은 빵 터지고 말았다. 그랬다. 그날의 회식은 그 친구의 송년회를 겸한 행사이기도 했다. 그 친구는 그동안은 마음이 내키지 않아도 억지로 웃었지만 더 이상 마음에 없는 행동은 하고 싶지 않다는 것이었다.

삶에 가장 크게 영향을 주는 요인 중 하나는 상사와의 관계다. 상사와 관계가 좋으면 직장생활이 즐겁지만 그렇지 않으면 출근은 고역이 된다. 그 사실을 누구보다 뼈저리게 절감하며 살았다. 문제는 내 힘으로 할 수 있는 게 별로 없다는 것이다. 만약 내 힘으로 상사를 선택하거나 교체할 수 있다면 얼마나 좋을까? 최후의 방법은 사표를 던지거나 다른 부서로 이동해야 하는데 만만한 일이 아니다. 그렇다면 상사를 어떻게 대해야 할까? 무조건 아부를 하고 상사의 비위를 맞춰야 할까? 반드시 그렇지 않은 것 같다. 함부로 아첨하는 것도 때로는 위험할 수 있다.

프리드리히 빌헬름 1세(1688~1740)는 자신에게 아첨하는 이들을 늘 놀렸다. 어느 날 껑다리 병사를 그리던 왕은 그림을 그리다 말고 한 신하에게 물었다. "이 그림이 얼마에 팔릴 것 같은가?" "100두카덴(금화)이라도 쌀 듯싶습니다." "그래? 넌 예술을 좀 아는구나. 짐이 특별히 네게 이걸 50두카덴에 주마." 신하는 꼼짝없이 그림을 살 수밖에 없었다. 함부로 아첨했을 때 일어날 수 있는 부작용이다. 조심해야 한다.

유머는 좋을 때보다는 힘들 때 효용성이 있다. 좋을 때는 굳이 유머가 없어도 괜찮다. 하지만 스트레스로 가득할 때 주고받는 유머는 그 자체로 우리에게 기쁨을 준다. 가장 기억나는 사건이 하나 있다. 모 회사의 자문에 응해 한 달에 한 번 회의에 참석한 적이 있다. 그 회사에서는 사장과 임원 몇 사람이 참석하고 내 쪽에서는 나를 비롯해 교수와 컨설턴트 등이 참석해 그 회사의 신제품과 전략 등에 관한 얘기를 듣고 코멘트하는 자리였다. 아침 일찍 시작하기 때문에 분위기를 푸는 게 중요했는데 내가 그 역할을 했다.

그날은 '혹시 살면서 견디지 못하는 게 뭔가요?'라는 질문을 던졌고 돌아가면서 자기 얘기를 하도록 했다. 난 답답하고 지루한 것, 말을 느리게 하는 것, 뭔가 기다리는 걸 견디지 못한다고 얘기했다. 이어 사장 차례였는데 그는 견디지 못하는 게 많았다. 일 못하는 사람, 현실적이지 않은 사람, 보고할 때 횡설수설하는 사람 등등 사장답게 자기 의견이 분명했다. 이어 상무가 얘기했다. 그는 아무 표정 변화 없이 이렇게 얘기했다. "전 견디지 못하는 게 없습니다. 무엇이든 다 견딜 수 있습니다." 모두 빵 터졌다. 왜 그렇게 웃음이 폭발했을까? 다들 그렇게 인식하고 있지만 차마 얘기하지 못한 걸 그가 얘기했기 때문이다. 진지한 분위기였는데 그가 새로운 시각으로 답을 한 덕분에 그날 회의는 아주 즐거웠다.

흔히 상사 앞에서 할 말은 하라는 조언을 한다. 근데 과연 그 말이 현실적일까? 아니다. 절대 그렇지 않다. 대통령 앞에서는 어떨까? 대통령 앞에선 심지가 곧은 사람이 있을 수 없다. 대통령의 물음에 대한 대답은 언제나 "네. 각하" 또는 "아닙니다. 각하" 둘뿐이다. 단, "아닙니다. 각하"는 대통령이 당신에게 무슨 불만이 있느냐고 물었을 때만 사용한다. 미국 백악관에 관한 얘기다.

5
소재 5: 가족의 착각을 깨라

난 딸만 둘인데 젊은 시절 이 때문에 어머니에게 구박을 많이 받았다. 대가 끊겼다느니, 아들이 있어야 한다느니 등등. 하지만 난 개의치 않았다. 난 아들보다는 딸이 좋았다. 가만히 보니 딸이 많은 집은 분위기가 좋고 아들만 있는 집은 삭막했다. 딸을 가진 부모는 부드러운데 아들만 있는 집은 늘 시끄러웠다. 여기서 딸이 좋은지, 아들이 좋은지를 얘기할 수는 없다. 정답이 없는 얘기다. 중요한 진리는 아들도 아들 나름, 딸도 딸 나름이라는 것이다.

딸이라고 다 자상하고 부모에게 애틋한 것도 아니고 아들 중에도 상냥한 아들이 많다. 당연히 아들과 딸에 관한 유머가 많다.

성별에 따른 선호

딸 둘에 아들 하나면 금메달, 딸만 둘이면 은메달, 딸 하나 아들 하나면 동메달, 아들 둘이면 목메달이란다.

성장에 따른 아들 촌수의 변화

아들을 낳으면 1촌, 아들이 대학에 가면 4촌, 군대에 다녀오면 8촌, 장가를 가면 사돈의 8촌, 애를 낳으면 동포, 이민 가면 재외 동포란다. 기막힌 비유다. 나를 봐도 그렇다. 어머니에게 생전 전화하지 않는다. 비슷한 걸로 아들은 사춘기가 되면 남남이 되고, 군대에 가면 손님이 되고, 장가를 가면 사돈이 된다는 말도 있다.

자식에 대한 착각

아들에 대한 엄마의 착각이다. 최고의 바보는 아직도 결혼한 아들을 자기 아들이라고 생각하는 엄마다. 결혼한 아들은 엄마의 아들이 아니라 며느리의 남편이다. 소유권 이전이 끝났는데 아직도 엄마만 자기 소유로 생각하는 것이다. 내가 생각하는 고부 간 갈등의 핵심 쟁점은 소유권 이전 분쟁이다.

비슷한 착각이 또 있다. 며느리를 딸로 착각하는 여자, 사위를 아들로 착각하는 여자 등이다. 사실 결혼의 핵심 중 하나는 감정적 이별이다. 결혼을 했다는 건 소유주가 바뀌었다는 것인데 그 걸 인정하기가 쉽지 않은 것이다. 감정적으로 이별해야 하는데 이별을 못 하다 보니 섭섭하고 갈등이 생긴다.

결혼 후 부모들이 가장 많이 하는 얘기가 변화에 관한 얘기다. 변해서 섭섭하다는 것이다. 근데 사실 변해야 한다. 이에 관한 유머로 "자식이 결혼하면 아들은 큰 도둑, 며느리는 좀도둑, 딸은 예쁜 도둑"이다. "장가간 아들은 희미한 옛 그림자, 며느리는 가까이하기엔 너무 먼 당신, 딸은 아직도 그대는 내 사랑"이다.

딸과 며느리

딸이 먹던 참외를 엄마에게 주자 "역시 내 딸이야."라고 말한다. 며느리가 똑같이 하자 "시어미에게 버릇없이 너는 먹던 걸 나보고 먹으라고 주니?"라고 한다.

손주 사랑

3대 바보는 손주 보느라 스케줄을 변경하는 사람, 상속세 때문에 재산 물려주고 용돈 타 쓰는 사람, 애들 방 모자랄까 봐 집 늘리는 사람이 그것이다. 당연히 난 바보다. 근데 그러면 어떤가? 자식 사랑은 본능이다. 난 가능한 민폐를 끼치고 짐이 되는 부모 대신 도움이 되는 부모가 되고 싶다.

6
소재 6: 골프에 인생이 담겼다

골프는 몇 가지 측면에서 정말 신기한 운동이다.

첫째, 오래 쳤다고 잘 치는 것도 아니고 구력이 짧다고 못 치는 것도 아니다. 내 경우는 그렇게 오랫동안 쳤지만 그렇게 못 칠 수 없다. 아마 다른 걸 그렇게 오래 했으면 전문가가 됐을 것이다.

둘째, 매일 친다고 잘 치는 것도 아니고 가끔 친다고 못 치는 것도 아니다. 어제 잘 쳤다고 오늘도 잘 치는 게 아니고, 오늘은 못 쳐도 내일은 잘 되는 경우도 있다. 나 같은 사람에게 골프는 예측 불가다.

셋째, 자기 돈을 내고 자기 학대를 하는 운동이다. 주말마다 골프장은 아저씨들의 신음과 비통의 소리로 넘친다. 누가 강제로 골프 치라고 하는 것도 아닌데 왜 비싼 돈 내고 많은 시간을 쓰면서 그렇게 자기 학대를 하는지 난 아직도 이유를 모른다. 나도 그중 한 사람이기 때문이다.

넷째, 골프는 인생과 무척 닮았다. 초년 성공을 조심해야 한다는 측면이 특히 그렇다. 드라이버가 잘나갔다고 그 홀 성적이 좋은 것도 아니고 드라이버를 실수했어도 다음 샷부터 좋아지는 경우는 얼마든지 있다. 인생도 누구와 사느냐가 중요한 것처럼 골프 역시 누구와 치느냐가 중요하다. 인생처럼 하루하루를 충실하게 살듯이 매일매일 충실하게 치는 게 중요하다.

다섯째, 그렇게 나를 힘들게 하고 좌절시키는 운동이지만 라운딩만큼 즐거운 일은 별로 없다. 다 큰 성인을 그렇게 오랫동안 매료시키는 운동은 찾기 어렵다. 죽는 날까지 골프를 치고 싶다.

그리고 무엇보다 골프가 즐거운 이유는 사람들이 골프에 관한 유머를 끊임없이 만들어내기 때문이다.

헤드업

모 회장이 총리와 골프를 치고 있는데 총리가 자꾸 헤드업을 해서 공이 제대로 가지 못했다. 하지만 어떻게 대놓고 헤드업을 하지 말라는 얘기를 할 수 있겠는가. 그는 대신 퀴즈를 하나 냈다. "프로 골퍼와 아마 골퍼가 물에 빠졌습니다. 누가 살았을까요?" 정답은 아마 골퍼다. 그는 헤드업을 해서 숨을 쉴 수 있었기 때문이다. 총리도 머리가 있는 사람이라 숨은 뜻을 알아차렸다. 이후 골프를 잘 칠 수 있었다.

골프삼락

비가 온다고 했는데 당일 아침 오지 않아 혹시나 해서 갔는데 오지 않았다. 할 수 없이 라운딩을 시작했는데 끝까지 비가 오지 않아 제대로 라운딩을 마쳤다. 이게 첫 번째 즐거움이다. 라운딩을 끝내고 샤워하는데 억수같이 비가 내린다. 이게 두 번째 즐거움이다. 서울로 올라오는 길은 뻥 뚫렸는데 내려가는 길은 꽉 막혔다. 이제 세 번째 즐거움이다. 참 못된 심사다. 인간이 어떤 존재라는 걸 여실히 보여준다.

골프 퀴즈

연속적으로 보기만 하면? 변태

일주일에 골프 4회 나가면? 주사파

연속 파를 4개 하면? 아우디

연속 파를 5개 하면? 올림픽

통계학적으로 불교 신자가 크리스천보다 골프를 못하는 이유? 공이 절로 가니까

골프클럽의 또 다른 이름

드라이버: 이상하네 (이상하긴 뭐가 이상해. 그게 당신 실력이야!)

아이언: 왜 이러지 (왜 이러다니. 원래 그랬거든!)

어프로치: 어이쿠 (그럼 홀에 딱 붙을 줄 알았니?)

퍼팅: 에이씨

익을수록 고개를 숙인다

90대는 물어보지 않아도 가르치려 한다.

80대는 물어봐야 가르쳐준다.

70대는 물어봐도 가르쳐주지 않는다. 대신 대가가 있으면 가르쳐준다.

60대는 그와 치는 것만으로도 돈을 지불해야 한다. 같이 치는 것만으로도 많은 걸 배울 수 있다.

골프 스코어에 따른 결과

60타를 치면 국가를 먹여 살린다.

70타를 치면 가족을 먹여 살린다.

80타를 치면 골프장을 먹여 살린다.

90타를 치면 친구를 먹여 살린다.

100타를 치면 공 회사를 먹여 살린다.

골프 관련 음식

벙커전, 파, 양파, 수제비, 벙커튀김, 에그프라이, 벙커무침, 막
창, 안전빵, 고구마

7
소재 7: 코로나19로 바뀌었다

먹는 것에 비해 활동량이 줄면 살이 찌는 건 당연한 일이다. 코로나바이러스로 외출을 꺼리면서 이 말이 진리임이 다시 한번 밝혀졌다. 유머는 늘 생활 속에 있다. 익숙한 것이 가장 좋은 유머 소재다.

코로나19로 몇 달간 격리된 생활을 한 후 가장 먼저 등장한 것이 바로 확찐자다. 코로나바이러스가 무서워 아무 데도 안 나가고 집 안에서 밥만 먹고 텔레비전만 본 결과물이다. 살이 확찐 확찐자. 참 기막힌 말이다. 이후 그것의 파생상품으로 확찐자의 이동경로가 소개됐다. 동선이 심플하다. 식탁에서 소파로 소파에서 냉장고로 또다시 소파와 식탁과 침대로. 누가 이런 생각을 하는 것인지? 처음 이 아이디어를 낸 사람이 누군지 만나보고 싶다.

코로나19는 부부의 생각도 바꾸었다. 얻은 것과 잃은 것이 있다. 먼저 남편 입장이다. "코로나바이러스는 내 생애 최고의 선물이다. 일단 아내가 어디 여행을 가고 싶어 하지 않는다. 아무것도 쇼핑하지 않는다. 중국제 싸구려도, 국산 실용품도, 이태리제 고급품도. 아내는 감염될까 두려워 쇼핑몰도, 식당도, 극장도 가지 않는다. 가장 좋은 건 아내가 종일 입에 마스크를 덮고 있어 말을 하지 않는다는 점이다. 코로나19는 단순 바이러스가 아니다. 이건 축복이다." 돈을 안 쓰고 잔소리를 안 해 좋다는 말이다.

근데 그게 사실일까? 아내 입장은 어떨까? 어느 아내의 고백이다. "코로나바이러스는 큰 축복이다. 남편이 친구들과 돈 안 쓰고 술 안 마시고 집으로 기어들어 온다. 장을 못 보는 줄 알아 대충 먹어도 감사하단다. 어디 놀러 가자고 졸라대지 않는다. 남편은 내가 쇼핑을 안 한다 생각하지만 사실은 아니다. 인터넷으로 열라 질러대지만 그 사실을 모른다. 가방도, 옷도, 신발도, 음식도 남편 없는 시간에 배달된다. 남편은 내가 감염이 무서워 집에만 있는 줄 알고 낮에 몰래 나갔다 오는 줄은 꿈에도 의심하지 않는다. 가장 좋은 건 내가 코로나바이러스 때문에 하루 종일 입에 마스크를 쓴다고 생각한다. 성형 수술한지 모르고 말이다. 코로나바이러스는 선물이다." 참 기막힌 반전이 아닐 수 없다. 뛰는 놈 위에 나는 놈이 있다는데 남편과 아내를 보면서 그런 생각이 든다. 물론 아내가 한 수 위다.

무엇보다 이란 정부 관료들이 코로나바이러스에 걸린 상황과 그에 대한 사람들 반응이 기막히다. 내용은 이렇다. "대통령 격리 중, 부통령 확진, 국정조정위원 사망, 안보외교정책위원장 확진 후 치료 중, 국회부의장 사망, 전 법무장관 확진 후 치료 중, 테헤란 시장 확진 후 격리, 전 바티칸 대사 및 이란 성직자 사망, 전 이집트 대사 사망." 고위 관료들이 확진 후 격리 혹은 사망했다는 소식인데 거기에 대한 국내 네티즌 반응은? 부럽다.

대통령을 미워하는 걸로는 우리보다 한 수 위인 미국의 얘기도 흥미롭다. 미국 캘리포니아에서 코로나바이러스 검사를 받기 위해 반나절을 기다리다 성질이 뻗친 한 남자가 뒷사람에게 자기는 트럼프를 쏴 죽이고 오겠다며 자리를 좀 봐달라고 부탁한 뒤 떠났다. 몇 시간 후 그가 돌아왔고 뒷사람이 어찌했냐고 묻자 그 남자는 이렇게 말했다. "쏴 죽이려고 했는데 하지 못했어요. 그쪽 줄이 더 길어요."

마지막은 초등학생이 쓴 코로나19 방학 생활 규칙이다. 코로나바이러스로 힘들어 짜증이 난 엄마 눈치를 보는 초등학생 모습이 눈에 생생하게 그려진다. "첫째, 주는 대로 먹는다. 둘째, TV 끄라고 하면 당장 끈다. 셋째, 사용한 물건은 즉시 제자리에 둔다. 넷째, 한 번 말하면 바로 움직인다. 다섯째, 엄마에게 쓸데없이 말 걸지 않는다. 위 사항을 어기면 쌍코피가 터질 것이다."

8
소재 8: 공처가는 공감된다

유머의 단골 소재 중 하나는 공처가다. 당신은 이 중 어디에 해당하는가?

악몽

공처가가 초췌한 모습으로 의사를 찾아갔다. "선생님, 며칠째 계속 악몽에 시달리고 있어요." "진정하시고 그 악몽에 대해 말해보세요." "매일 밤 꿈속에서 열 명의 아내와 함께 사는 꿈을 꾸거든요. 정말 미치겠어요." 의사는 고개를 갸우뚱거리며 물었다. "그게 왜 악몽이죠? 좋을 것 같은데요?" 의사의 반응에 공처가는 답답해하며 따졌다. "뭐라고요? 선생님은 열 명의 여자를 위해

밥하고 빨래하고 청소해보신 적 있으세요?"

15분의 인내

링컨의 부인 메리 토드는 켄터키주의 상류층 출신이었다. 그래서 토드와 링컨은 살아온 가정의 배경, 문화, 성격 차이로 갈등이 많았다. 링컨은 성격이 조용하고 신중한 반면 토드는 약간 충동적이고 신경질이 많은 편이었다. 링컨이 변호사로 일하던 시절 아내 토드가 평소대로 생선 가게 주인에게 신경질을 부리면서 짜증스러운 말을 퍼부었다. 생선 가게 주인은 불쾌한 표정을 지으며 남편인 링컨에게 항의했다. 그러자 링컨이 웃으며 조용히 부탁했다. "전 15년 동안 참고 지금까지 살아왔습니다. 15분이니 그냥 좀 참아주십시오."

난 링컨의 얘기가 가슴에 와닿는다. 그런 아내와 사는 나도 있는데 그깟 몇 분을 못 참느냐는 반문이다. 사실 난 이런 식의 유머를 진상 고객이나 꼴통 상사 때문에 힘들어하는 사람에게 자주 사용한다. 이런 식이다. "너무 힘들어하지 마세요. 우리는 저 사람을 가끔 보지만 그 사람과 같이 사는 사람도 있잖아요." 같이 살자는 것도 아니고, 24시간 붙어 있어야 하는 것도 아니니 참으라는 말이다.

사실 난 공처가는 아니다. 난 애처가다. 한자 愛(애)에는 사랑하다와 애처롭다는 의미가 들어 있다. 가능한 아내의 심기를 건드리지 않으려고 노력한다. 그렇지 않아도 어르신들을 모시고 손주들을 돌보는 아내에게 나까지 부담을 보태지 말아야 한다고 생각한다. 아내가 저지레꾼인 내게 잔소리할 때마다 난 무라카미 하루키의 다음 말을 떠올린다.

"아내는 화가 나서 화를 내는 게 아니다. 화를 내고 싶을 때 화를 낸다. 아내의 화는 쓰나미 같은 자연재해다. 자연재해에 맞서는 건 어리석은 일이다. 자연재해 앞에서는 납작 엎드려 쓰나미가 지나가길 기다리는 게 상책이다."

이 말을 떠올리면 그렇게 위안이 될 수가 없다. 잔소리하는 아내 때문에 못사는 게 아니라 잔소리 덕분에 그나마 인간 구실을 하고 있다고 생각한다. 인명은 재천在天이 아니라 재처在妻다. 남자의 삶의 질은 아내에게 달려 있다. 아내의 잔소리는 다소 귀찮은 액세서리에 불과하다.

오늘은 무슨 날?

아침에 아내가 남편에게 확인하듯 물었다. "당신, 오늘 무슨 날인지 알지?" 남편은 갑자기 머리가 하얘졌다. 아무리 생각해도 무슨 날인지 알 수가 없었다. 생일은 아니고 결혼기념일? 장모님 생신? 도저히 떠오르지 않았다. 하는 수 없이 눈치를 보며 물었다. "오늘이 무슨 날이었더라?" 그러자 아내가 또 까먹었냐며 핀잔을 주며 말했다. "분리수거일이잖아."

9
소재 9: 돈은 이중적이다

많은 사람은 돈에 관해 이중적 태도를 보인다. 속으로는 좋아하지만 겉으로는 안 그런 척한다. 부자가 사실 그렇게 좋지만은 않다는 뜻의 격언이 많다. 대표적인 것이 '천석꾼은 천 가지 걱정, 만석꾼은 만 가지 걱정을 한다.'라는 것이다. 부자들의 반 이상은 불면증으로 고생한다는 말도 자주 한다. 부자들은 다양한 문제로 고생을 하는데 돈이 없는 우리는 돈이 없으니 고생할 일이 없다는 위안이다. 그야말로 거지가 부자 걱정을 하는 격이다. 그게 진실일까? 매일 부자들 흉을 보는 남편을 보다 못한 부인이 "불면증에 시달려도 좋으니 제발 부자가 돼봤으면 좋겠다."라는 말에 사람들이 웃음을 터뜨리는 이유는 시기와 질투 아래 가려진 진실을 얘기하기 때문이다. 유머의 핵심은 진실이다.

나도 예전에 돈에 대해 이중적 태도를 보인 적이 있었지만 지금은 아니다. 돈이 있는 게 돈이 없는 것보다 훨씬 좋다고 생각한다. 돈을 부정하는 말보다 돈을 긍정하는 말을 더 많이 한다. 사실 부부 싸움의 대부분은 돈이 원인이다. 돈 쓸 곳은 많은데 돈이 없으니 사사건건 날을 세우게 되는 것이다. 또 돈은 단순한 돈 문제를 넘어 능력 문제와 연결된다. "여자가 돈 많은 남자를 좋아하는 것을 절대로 비난해서는 안 된다. 그녀는 단순히 돈을 좋아한다기보다는 돈을 많이 번 그 남자의 능력을 사랑하기 때문이다." 독일의 전설적 투자가 코스톨라니가 한 말이다. 트로피 와이프라는 말도 비슷한 맥락에서 나왔다. 젊고 예쁜 부인을 얻는 건 남자의 성공을 상징하는 트로피라는 뜻이다. "어려울 때는 부인이 비서 역할을 하고, 상황이 좋아지면 비서가 부인이 된다."라는 말도 비슷한 뜻이다.

특히 여자는 남자보다 돈 문제에 더 민감하다. 살림을 하기 때문인 것 같다. "가난이 앞문으로 들어오면 사랑은 옆문으로 빠진다."라는 말이 있다. 예술가 부인은 "가야금 소리는 좋아도 백결 선생은 싫다."라고 한다. 성공한 남자는 아내가 쓸 수 있는 것 이상의 돈을 버는 남자다. 성공한 여자는 그런 남자를 찾아낸 여자다. 과거 여자들이 가장 싫어하는 남자는 덜떨어진 남자였다. 그런데 요즘은 달라졌다. 요즘 여자들이 가장 싫어하는 남자는 돈 떨어진 남자다. 내가 생각하는 이상적인 삶은 경제적으로는 중산층, 정신적으로는 상류층이다. 돈에 관한 유머 하나를 소개한다.

처칠보다 돈벌이

처칠이 방송 시간을 맞추기 위해 급히 택시를 잡아타고 운전사를 독촉했다. "방송국으로 빨리 갑시다!" 그러나 운전사가 곤란하다는 듯 손을 저으면서 말했다. "손님, 미안하지만 다른 차를 이용해 주십시오. 조금 뒤에 처칠 경의 방송이 있는데 그걸 들어야 하거든요." 그 말에 흐뭇해진 처칠이 1파운드를 내밀자 냉큼 받아 쥔 운전사가 호들갑을 떨었다. "타세요! 그까짓 처칠이고 뭐고 우리야 돈이 최고지요." 차에 올라탄 처칠이 맞장구를 쳤다. "맞아요! 처칠인가 뭔가 하는 작자도 당신이 돈을 많이 벌기를 원할 거요. 그래야 세금을 더 많이 거둘 수 있을 테니까!"

10
소재 10: 정치인은 단골소재다

알고 싶지 않지만 알 수밖에 없는 사람, 정말 가까이하고 싶지 않지만 그러기에는 우리 삶에 미치는 영향이 너무 큰 사람이 정치인이다. 괜찮은 사람도 그 집단에만 들어가면 망가지고 만다. 당연히 정치인에 관한 유머는 차고 넘친다. 대부분 부정적인 것들이다. 몇 가지 사례를 들어본다.

보통 사람, 기업인, 정치인의 차이
보통 사람은 인간이 할 수 있는 보통 일을 한다. 기업인은 인간이 할 수 없는 일을 하는 사람이다. 정치인은 인간이 해서는 안 되는 일을 하는 사람이다. 요즘 정치인에게 딱 들어맞는 얘기다. 어쩌면 그렇게 하지 말아야 할 일을 귀신같이 찾아서 하는 것일까?

정치인이 비싼 이유

기자가 식인종 식당을 취재하고 있었다. 메뉴판을 보니 철학자 튀김 10달러, 판·검사 구이 20달러, 정치인 볶음은 300달러라고 적혀 있었다. 다른 메뉴에 비해 정치인 볶음이 너무 비쌌다. 이유를 물어보니 정치인은 너무 썩어 손질하기가 힘들기 때문이란다.

정치인의 확신

미국의 젊은 기자가 '미국 국회의원들은 모두 다 저능아다.'라는 기사를 썼다. 이를 본 고참 기자가 충고했다. 그 기사가 나가면 국회의원들의 항의가 빗발칠 것이다. 그러니 한 구절만 추가하자고 했다. 고친 문장은 이랬다. "미국 국회의원들은 한 명만 빼고 다 저능아다." 기사가 나간 후 항의하는 국회의원이 한 명도 없었다. 모두 그 한 명이 바로 자신이라고 믿었기 때문이다.

정치인과 깡패의 공통점

선거 때만 되면 설친다. 자기가 관리하는 곳을 지역구라고 부른다. 물론 깡패는 나와바리라고 한다. 각종 이권에 개입한다. 몰려다닌다. 조직 중 전과자가 많고 주로 정장 차림을 한다. 언젠가 반드시 심판받는다.

최악의 정치인

프랑스의 정치인 클레망소에게 그동안 만난 정치인 중 최악의 정치인이 누구냐는 질문을 했다. 한참을 생각하던 클레망소는 이렇게 대답했다. "참 분해요, 그게 말이죠, 이 사람이 최악이다 싶으면 꼭 다음에 나타나는 사람이 더 최악인 거 있죠. 그래서 조금 더 지켜봐야 할 것 같아요."

유일하게 잘한 일

대통령이 정치를 못 해도 너무 못했다. 그래도 장점을 한 가지만 찾아보라고 하자 이렇게 말했다. "이번 대통령은 전 국민에게 자신감을 심어준 게 잘한 일입니다." "무슨 자신감을 심어줬나요?" "누구나 대통령을 할 수 있다는 자신감을 심어줬습니다."

불행 중 다행

대통령과 주요 각료들이 회의에 참석하기 위해 이동 중 연쇄교통사고가 발생해 모두 병원으로 후송되었다. 이 소식을 들은 기자들이 병원으로 달려갔다. 잠시 후 담당 의사가 밖으로 나오자 기자들이 질문을 던지기 시작했다. "의사 양반, 대통령은 구할 수 있습니까?" 의사는 찌푸린 얼굴로 고개를 가로저었다. "대통령께서는 가망이 없습니다." 기자들이 또 물었다. "국무총리는 어떻습니까?" 의사는 고개를 흔들었다. "그분 역시 가망이 없습니다."

그러자 기자들이 이구동성으로 "그럼 누구를 구할 수 있습니까?"라고 물었다. 의사는 의기양양한 목소리로 외쳤다. "이제 대한민국을 구할 수 있게 됐습니다!"

환영과 외면

어느 날 대통령이 환자 위문차 정신병원을 방문했다. 병원장의 안내를 받은 대통령이 병실에 들어서니 환자들이 일제히 일어서서 "×××대통령 만세!"를 외치면서 대통령을 대대적으로 환영했다. 그런데 저쪽 구석에 환영하지 않고 딴 곳을 쳐다보는 환자가 있어서 대통령이 병원장에게 물었다. "저 환자는 왜 환영하지 않나요?" 병원장이 대답했다. "저 환자는 오늘 아침 제정신으로 돌아왔습니다."

대중을 기쁘게 하는 법

이라크 상공에서 미국의 부시 대통령, 럼즈펠드 국방장관, 조종사가 비행을 하고 있었다. 심심해진 부시가 100달러짜리 지폐를 밖으로 날리면서 얘기했다. "누군가 이 지폐를 주운 사람은 기쁠 거야." 그 얘기를 들은 럼즈펠드가 아부했다. "그것을 1달러짜리로 바꾸어 100장을 뿌리면 더 좋아할 겁니다." 그 말을 들은 조종사가 이렇게 말했다. "그것보다 각하께서 밖으로 뛰어내리시면 모든 이라크 민중이 좋아할 겁니다."

11
소재 11: 신도 웃는다

　난 엄숙하고 경건한 걸 좋아하지 않는다. 왜 엄숙하고 경건해야 하는 걸까? 만약 엄숙하고 경건한 것이 내가 하는 일에 도움이 된다면 기꺼이 그렇게 하겠지만 전혀 그렇지 않다. 엄숙하고 경건한 건 그 자체로 사람을 숨 막히게 한다. 사람의 마음 문을 열기 위해선 웃겨야 한다. 그 면에 있어 종교는 어떠한가? 종교 하면 어떤 것이 연상되는가? 진지하고 심각한 분위기가 떠오른다.

　하나님을 찾는 사람들이 가장 먼저 잃기 시작하는 것이 바로 유머 감각이다. 난 여기에 저항하고 싶다. 유머를 활용할 수 있다면 훨씬 수준 높은 종교 생활을 할 수 있을 것으로 생각한다. 몇 가지 사례를 소개한다.

훌륭한 목사님

한 교회에서 기도 중에 한 신도의 핸드폰이 울리기 시작했다. 여기저기서 신도들이 눈을 뜨고 두리번거리자 목사님이 만면에 웃음을 띠면서 그 신도에게 말했다. "하하, 축복합니다. 열심히 기도하시니까 하나님께서 응답을 주셨네요." 잠시 후 이번에는 설교 중에 목사님의 핸드폰이 울렸다. 그러자 목사님이 핸드폰을 열더니 이렇게 말했다. "하나님, 제가 지금 설교 중이거든요. 끝나면 전화를 드리겠습니다."

기도의 응답

시어머니가 자식이 없는 며느리를 데리고 교회에 가면서 며느리에게 당부했다. "아가야. 목사님이 기도하실 때 무조건 '아멘! 아멘!' 해야 한다. 그러면 원하는 아기를 가질 수 있어." 목사님의 기도가 이어졌지만 며느리는 "아멘"이란 말이 나오질 않았다. 다급해진 시어머니가 며느리 대신 연신 "아멘! 아멘!" 하고 외쳤다. 결국 기도는 응답이 되어 몇 개월 후 시어머니가 임신했다.

소원의 목록

한 남자가 간절하게 기도하자 천사가 나타나서 물었다. "네 소원이 무엇이냐?" 남자는 기쁜 마음으로 소원을 나열했다. "네. 전원주택을 한 채 주시고요. 100억 원이 들어 있는 통장도 하나 주세요. 또 예쁜 여자와 결혼하게 해주시고, 이것도 해주시고, 저것도 해주시고, 그리고 또……." 소원을 다 듣고 메모를 끝낸 천사가 말했다. "설문에 응해주셔서 감사합니다."

올해의 사자성어

한 성당의 신년 예배에 주교님이 설교하기 위해 오셨다. 근엄하신 주교님의 말씀이 시작되었다. "매년 새해가 되면 모두 사자성어를 만들어서 발표하는데 우리 가톨릭에서도 고민했습니다. 그러던 중 머리에 사자성어가 확 떠올랐습니다. 올해는 토끼해입니다. 그래서 올해 우리 가톨릭의 사자성어는 깡총깡총입니다." 여기저기서 신자들의 웃음이 터져 나왔다. 주교님은 이어서 말씀하셨다. "여러분, 깡총깡총을 한자로 어떻게 쓰는지 아세요? 내릴 강降과 은총 총寵입니다. 은총을 세게 내려달라고 강을 깡이라고 했습니다. 그리고 깡총을 두 번 했습니다. 깡총깡총, 올해는 은혜를 두 배로 세게 내려달라는 의미입니다."

종교별 급여 시스템

모 예능프로에서 원불교 교무님, 개신교 목사님, 불교 스님, 천주교 신부님이 모여 각자의 월급 얘기를 나누었다. 먼저 원불교는 월급 시스템이다. 교무님은 숙식을 제공받고 월 60만 원 정도의 용금을 받는다. 개신교의 교회는 교인들의 헌금으로 운영하는 개인 사업장이다. 천주교의 성당은 중앙집권 교구 산하에 있는 직영점이다. 헌금은 모두 교구로 올라가고 신부님은 매달 100만 원 정도의 급여를 받고 성모병원에서 무상으로 의료 지원을 받는다.

그에 반해 불교의 사찰은 프랜차이즈다. 중앙 본사가 있고 각 사찰을 주지 스님이 알아서 운영한다. 일반 프랜차이즈의 경우 점주가 점포와 관련된 부동산과 동산을 소유할 수 있지만 각 사찰의 주지 스님은 사찰의 동산과 부동산에 대한 소유권을 행사할 수 없다. 그래서 주지住持 스님 할 때 주 자가 '주인 주'자가 아니라 '머무를 주'다. 사찰에서 모은 시주는 본사로 모두 올라간 뒤 세금과 운영비 등을 제외하고 주지 스님에게 급여 형태로 지급된다. 주지 스님은 동국대학교 병원에서 의료 혜택을 받는다.

한마디로 개신교는 개인 사업장, 천주교는 직영점, 불교는 프랜차이즈인데 그렇다면 원불교는 일반 기업일까? 원불교는 기업 중에서도 신생기업 스타트업이라고 한다. 역사가 짧은 신생 종교인 원불교는 스타트업처럼 해당 종교인에게 안정적인 수입 체계를 보장하지 못한다. 겸업 금지를 종용받는 타 종교인과 달리 원불교의 교무님들은 다들 N잡러란다. 이런 스타트업 원불교의 애환을 전해 들은 불교 스님은 용기를 가지라며 이렇게 조언한다. "아직 처음이라 그래요. 시간이 지나면 차차 나아져요. 한 2,000년쯤 지나면 안정화될 거예요."

12
소재 12: 천국과 지옥을 상상해라

'예수 천국, 불신 지옥'이란 구호를 흔하게 볼 수 있다. 구호로
만 그쳐도 좋은데 곳곳에서 확성기를 틀어놓고 이렇게 해야 천
국에 갈 수 있다고 강요한다. 왜 이들은 이렇게 천국 타령을 하
는 것일까? 이승이 지옥이기 때문이다. 그래서인지 사람들 행색
을 보면 천국과는 거리가 멀어 보인다.

지금 이곳이 살기 힘드니 내세의 천국에 목숨을 거는 것 같다.
도대체 천국이란 어떤 곳일까? 지옥은 어떤 곳일까? 유머의 가
장 흔한 소재가 천국과 지옥이다. 몇 가지를 소개한다.

굿뉴스와 배드뉴스

골프에 미친 친구가 있었다. 나무 뒤에 볼이 놓였는데 이를 무리하게 치다 볼이 나무에 맞아 반동으로 튀는 바람에 볼에 맞아 죽었다. 하늘나라에 가니 베드로가 물었다. "네 나이가 몇 살인가?" 그는 "3오버입니다"라고 답했다. "그래, 네가 그렇게 골프를 잘 치느냐?"라고 묻자 "네, 제가 이곳에 '투 온'해서 왔습니다." 기가 막힌 베드로가 "너는 아직 올 때가 되지 않았으니 나중에 오거라."라고 말했다. 죽음에서 돌아오자 친구들이 깜짝 놀랐다. 천국이 어떤지 물었다.

그 친구는 말하길, "굿뉴스와 배드뉴스가 있어. 굿뉴스는 하늘에도 골프장이 있다는 것이고 배드뉴스는 네가 내일 아침 9시에 부킹이 되어 있다는 것이지."

짠돌이의 사후

남에게 베풀 줄 모르는 짠돌이가 죽어서 염라대왕 앞에 섰다. 잘한 일이 없으므로 지옥에 가라고 하자 그는 분하다는 듯 이렇게 얘기했다. "예전에 불쌍한 사람에게 3,000원을 준 일이 있는데요." 그 얘기를 들은 염라대왕은 부하에게 이렇게 명령했다. "여봐라, 이 자에게 3,000원을 돌려주고 지옥으로 보내도록 하라."

염라대왕의 실수

40대 부인이 심장마비로 병원에 실려와 수술을 받는 중에 염라대왕을 만났다. "염라대왕님, 제 일생은 이제 끝난 건가요?" 염라대왕이 기록을 살펴본 다음 대답했다. "앞으로 40년 더 남았느니라." 제2의 인생을 이전처럼 살 수는 없다고 생각한 그녀는 성형수술과 지방 흡입술을 받아 예쁘고 날씬한 여인이 되어 퇴원했다. 그런데 병원을 나서는 순간 차에 치여 즉사하고 말았다.

저승에 도착한 그녀는 염라대왕에게 따졌다. "아직 40년이 더 남았다면서요?" 그러자 염라대왕이 대답했다. "참으로 미안하게 되었구나. 그대를 알아보지 못했느니라."

일이 없는 곳

일을 지겨워하던 사람이 있었다. 정말 일을 싫어했다. 그러다 죽어 하늘나라에 갔다. 근데 이게 웬일인가? 천국에 온 것이다. 경치 좋고 먹을 게 지천이었다. 늦게까지 잠을 자도 상관없었다. 얼마 후 책임자가 나타나 한 가지 주의를 줬다. "여기선 원하는 건 뭐든지 할 수 있습니다. 단 일은 하면 안 됩니다." 일하면 안 된다니! 바로 자신이 원하는 삶이란 생각이 들어 너무 좋았다.

1년 넘게 실컷 놀았다. 근데 뭔가 공허했다. 일을 조금 하면 좋겠다는 생각이 들었다. 그래서 책임자에게 다 좋은데 일거리 좀 달라고 얘기했다. 책임자는 단호하게 거절했다. 그 사람은 "그럼 저를 차라리 지옥으로 보내주세요."라고 하며 화를 냈다. 그러자 책임자가 이렇게 말했다. "여보세요. 여기가 어딘 줄 아시나요? 여기가 바로 지옥입니다."

천국과 지옥 사이의 구멍

어느 날 아침 순찰하던 천국 경비가 담장에 구멍이 생긴 것을 발견하고 지옥 경비에게 따졌다. "아니, 이렇게 큰 구멍 어떻게 할 거야? 여기로 불법 입국을 하잖아!" 마귀가 어처구니없다는 표정으로 따졌다. "야, 우리 쪽에서 구멍 냈다는 증거 있어?" 천사가 약이 올라 말했다. "천국에서 지옥 가는 미친 사람이 어디 있어? 당연히 너희 쪽에서 도망가려고 구멍을 낸 거지. 이 구멍 너희들이 책임지고 막아. 알았지?" 마귀는 절대 못 한다며 들은 체도 하지 않았다. 어쩔 수 없이 천사가 양보하면서 반반씩 부담하자고 타협안을 제시했지만 마귀는 한 푼도 낼 수 없다고 고집을 부렸다.

화가 난 천사가 법대로 하자고 말하자 그제야 마귀가 씩 웃으면서 찬성했다. "우리 수용소의 죄수들은 대부분 변호사와 판·검

사와 국회의원이야. 법에 대해선 빠삭한 놈들은 다 여기 모아뒀으
니 겁날 거 없지.”

교황과 변호사

교황과 변호사가 죽어서 천국에 갔다. 하느님이 그들에게 방
을 줄 테니 따라오라고 했다. 교황에게 먼저 방을 배정했는데 작
은 침대와 책상이 있는 아주 작은 방이었다. “감사합니다, 주님.”
하고 교황이 인사말을 했다. 다음으로 하느님은 변호사에게 큼
직한 침대와 미녀가 있는 커다란 방을 배정했다. 변호사가 궁금
해서 하느님께 물었다. “하느님, 저에게는 이 방을 주시면서 교
황께는 저 방을 주시는 까닭이 무엇입니까?” 하느님이 변호사를
기특하게 여기시며 말씀하셨다. “그야, 교황은 몇십 명이 와 있
지만 변호사는 네가 처음이기 때문이지.”

칭찬을 들은 이유

신자이기는 하나 매우 방탕하게 살았던 총알택시 운전사와
목사님이 천국에 갔다. 목사님은 자신이 총알택시 운전사보다
훨씬 더 칭찬을 들을 것으로 기대했다. 그런데 하나님은 총알택
시 운전사를 더 칭찬하셨다. 기가 막힌 목사님이 이유를 물어보

자 하나님이 대답하셨다. "너는 늘 사람들을 졸게 했지만 택시기사는 사람들을 늘 기도하게 했느니라."

빌 게이츠와 염라대왕

임종을 앞둔 빌 게이츠가 천당과 지옥을 고르고 있는데 지옥이 그럴듯해 보였다. 게이츠가 막상 지옥에 가보니 본 것과는 많이 달라 염라대왕에게 따졌다. 염라대왕이 이렇게 변명했다. "제가 얘기하지 않았나요? 그건 데모 버전이라고요."

13
소재 13: 남녀의 차이를 파고들어라

여자 셋과 오랫동안 같이 살았다. 아내와 딸 둘인데 두 딸이 결혼해 손녀 둘에 손자 하나가 더해졌다. 아직도 여성이 다수고 남성이 소수다. 그러다 보니 여성들과 노는 게 익숙하고 그들과의 소통에도 별문제가 없다. 남성보다 여성들과 얘기를 더 잘하는 편이다. 하지만 그렇지 않은 남자들이 무척 많다. 오죽하면 『화성에서 온 남자 금성에서 온 여자』라는 책이 나왔겠는가? 근데 이런 차이도 유머의 훌륭한 소재다. 몇 가지 사례를 소개한다.

남편을 파는 백화점
남편을 파는 백화점이 문을 열었다. 5층짜리 건물인데 일단 어떤 층의 문을 열고 들어가면 그곳에서 남편을 선택해야만 한다. 두 여자가 남편을 파는 백화점을 찾아갔는데 층층마다 안내문이 있었다. 1층은 '직업이 있고, 아이를 좋아하는 남자들', 2층은 '돈을 잘 벌고, 아이를 좋아하며, 아주 잘생긴 남자들', 3층은 '돈을 잘 벌고, 아이를 좋아하며, 아주 잘생겼고, 집안일을 잘 도와주는 남자들'을 팔았다. 위층으로 올라갈수록 품질이 좋아졌다. 4층으로 갔더니 낭만적이기까지 했다. 여기서 그쳐야 했는데 5층이 궁금해 견딜 수 없었던 두 여자는 위층으로 올라갔다.

그랬더니 거기에는 이런 안내문이 붙어 있었다. "5층은 비어 있습니다. 이곳은 여자들이란 결코 만족이란 것을 모르는 존재임을 확인하는 증거로만 사용됩니다. 출구는 왼편에 있으니 쏜살같이 내려가시길 바랍니다."

실현 불가능한 소원

한 남자가 바닷가를 산책하다 병 속에 갇힌 요정을 발견하고 구해주었다. 요정은 그에게 소원을 말해보라고 했다. 그는 제주도에서 육지까지 다리를 놓아달라고 얘기했다. 그러자 요정은 너무 어려운 소원이니 다른 소원을 말해보라고 했다. 남자가 말했다. "여자들이 진정으로 원하는 게 무엇인지 알고 싶어요." 그러자 요정은 아주 난처한 표정을 지으며 말했다. "다리는 몇 차선으로 뇌줄까요?"

남녀 간 대화가 어려운 이유

내 또래 지인에게 들은 얘기다. 아내가 갑자기 부산으로 여행을 가자고 해서 그는 별생각 없이 그러자고 답을 했단다. 얼마 후 그 얘기를 들은 시집간 딸이 "아빠, 부산 가기로 했다며? 부산에 왜 가는데?"라고 물었다. 얼떨결에 "니네 엄마가 가자고 해서."라고 대답했다. 그러자 딸이 "아빠, 그건 아니지. 그렇게 얘기하면 아빠는 가기 싫은데 가는 것 같잖아."라고 따졌다. 그는 기가 막혀 "엄마가 부산을 가자고 해서 간다는데 뭐가 잘못됐다는 거니?"라고 응수하자, 딸이 "그래도 아빠가 가고 싶어 간다고 해야지. 억지로 간다는 식으로 말을 하면 안 되는 거야."라고 설교하더란다.

여러분은 여기에 대해 어떻게 생각하는가? 남녀의 의견을 구분해서 듣고 싶다. 난 같은 남자로서 지인의 억울함에 한 표를 던진다. "왜 가느냐고 물었고 사실대로 부인이 가자고 해서 간다고 얘기했는데 뭐가 잘못됐다는 거지?" 이래저래 남자와 여자의 커뮤니케이션은 정말 쉽지 않다.

뭐라고의 해석

남편이 "오늘 저녁 축구 하는 친구들을 집으로 부르려고 하는데……"라는 말이 끝나기 무섭게 아내가 "뭐라고?" 하며 대꾸한다. 여기서 이 말의 의미는 무엇일까? 잘 알아듣지 못했으니 다시 한번 설명해달라는 얘기일까? 만약 그렇게 알아들었다면 당신 앞길은 가시밭길이 될 것이다. 여기서 "뭐라고?"는 "지금 제정신이야? 아니 어떻게 그들을 다 집으로 부를 수 있어? 당신이 밖에서 알아서 처리해!"라는 경고의 메시지다.

그럼 어떤 반응을 보여야 할까? "알겠습니다. 마님. 지금 한 말은 잊어버리고 없던 일로 해주세요."라며 꼬리를 내려야 한다. 만약 "아니 내 친한 친구들이 집에 와보고 싶다고 해서 한 번 부르는데 그게 뭐가 힘들어? 당신 친구들은 걸핏하면 집에 와서 수다 떨잖아? 당신 지금 남편을 우습게 보는 거야?"라는 식으로 따지거나 혹은 설득하거나 심지어 위압적으로 행동한다면 당신의 안전은 보장할 수 없다. 자칫하면 독거노인이 될 수도 있다.

남과 여

"여자는 자신을 웃긴 남자만 기억하고, 남자는 자기를 울린 여자만 기억한다." 프랑스 시인 레니에가 한 말이다. 남자는 자신의 비밀보다 타인의 비밀을 잘 지키고, 여자는 반대로 타인의 비밀보다 자신의 비밀을 더 잘 지킨다. 남자가 일어나서 연설을 시작하면 청중은 먼저 귀로 듣고 다음에 눈으로 살펴본다. 하지만 여자가 일어나서 연설을 시작하면 청중은 먼저 눈으로 보고 생김새가 마음에 들면 귀로 듣기 시작한다. 남자는 죽고 싶지 않아서 살을 빼려고 하는데, 여자는 죽어도 좋으니 살을 빼야겠다고 생각한다. 여자는 남자가 변할 것이라 예상하고 결혼하지만 그는 변하지 않는다. 남자는 여자가 변하지 않을 것이라 예상하고 결혼하지만 그녀는 변한다. 여자는 남자가 없어야 오래 살고 남자는 여자가 있어야 오래 산다. 여자는 남편을 얻기 전에는 미래에 대해 걱정하고 남자는 여자를 얻기 전에는 미래에 대해 전혀 걱정하지 않는다.

하나님의 습작

예전에는 남자들이 공부를 잘했는데 요즘은 여자들이 공부를 더 잘한다고 한다. 그래서 아들을 가진 부모는 남녀공학보다는 남자학교에 아들을 보내려고 한다. 다음 얘기를 듣고 일리가 있다고 생각했다. "하나님이 남자를 만드시고 한 번 쳐다보신 후 이렇게 말씀하셨다. 저것보다 잘 만들 수도 있었는데. 그러고 나서 여자를 만드셨다."

14
소재 14: 변호사를 변호하기는 어렵다

변호사에 관한 유머치고 듣기 좋은 말은 거의 없다. 변호사 천국인 미국에서는 더욱 그렇고 영국과 다른 나라에서도 비슷한 얘기가 전해진다. 변호사에 대한 인식이 좋지 않은 것은 의뢰인과 변호사 사이에 돈이 특별하게 작용하기 때문이다. 하는 일에 비해 지나치게 돈을 받기 때문이다. 변호사에 관한 농담의 핵심은 인간이 될 가능성이 별로 없다는 것이다.

예를 들어 좋은 변호사와 UFO의 공통점은? 들은 적은 있는데 본 적이 없다는 것이다. 무슨 의미인지 확 느낌이 오지 않는가? 다음 사례들도 비슷한 맥락의 것들이다.

동일인일 수 없는 동일인

한 여자가 어린 딸을 데리고 자신의 엄마 산소를 찾았다. 공동 묘지를 지나는 길에 딸이 물었다. "엄마, 한 무덤에 두 사람을 같이 묻기도 하나요?" "물론 그런 일은 없단다. 근데 왜 그런 생각을 했니?" 저기 묘비에 "여기 '변호사, 그리고 진실한 이 잠들다' 라고 적혀 있었어요."

변호사의 사회적 지위

원고 측 변호사가 오만불손하게 증인을 심문하고 있었다. "당신 직업이 뭐라고 했죠?" "일용직 근로자입니다." "일용직 근로자라고요?" 변호사가 딱딱거리며 말했다. "이 세상에서 일용직 근로자의 사회적 지위가 어느 정도라고 생각하죠?" "별로 높지 않다고 생각합니다." 증인은 어깨를 으쓱거리며 덧붙였다. "하지만 제 아버지보다는 나은 것 같은데요." 변호사는 무시하는 말투로 물었다. "당신 아버지가 뭘 하셨는데요?" "변호사였어요."

테러리스트의 협박

테러리스트 집단이 미국변호사협회 연례총회가 열리고 있는 라마다 호텔에 들이닥쳐 500여 명의 변호사를 인질로 잡고 인질극을 벌이기 시작했다. 그들의 요구사항은 확실했다. 자신들의 요구를 들어주지 않으면 한 시간마다 변호사를 한 명씩 석방하겠다고 협박했다.

수임료

다람쥐 두 마리가 도토리를 발견했다. 나중에 본 다람쥐가 먼저 도토리를 발견한 다람쥐를 제치고 도토리를 주었다. 둘은 도토리가 자기 거라고 우기며 싸웠다. 이를 본 변호사 다람쥐가 중재에 나섰다. 그는 껍질을 벗겨 두 사람에게 나누어주고 수임료라고 하면서 알맹이는 자신이 가졌다.

법률 자문

사장이 거액의 회삿돈을 횡령한 사원을 어떻게 처리할 것인지에 대해서 변호사와 의논하고 있었다. 변호사가 이렇게 제안했다. "일을 계속 시키고 월급에서 공제해 나가도록 하십시오." "그렇게 해서는 평생 못 갚을 겁니다. 월급이 너무 적거든요." 변호사는 법률 전문가로서 조언했다. "그렇다면 월급을 올려주세요."

금기

힌두교인, 무슬림, 변호사가 여행 중 차가 고장 나 근처 농가에서 하룻밤을 묵기로 했다. 근데 농가에 방이 모자라 한 사람은 헛간에서 자야 했다. 힌두교인이 자청해서 헛간에서 자겠다고 나갔다. 잠시 후 누군가 문을 두드려 열어 보니 힌두교인이었다. 헛간에 가보니 신성한 소가 있어 잘 수 없다고 했다. 다음으로 무슬림이 헛간에서 자려고 나갔으나 그도 곧 돌아와서 말하길 불결한 돼지와는 함께 잘 수 없다고 했다. 어쩔 수 없이 변호사가 헛간으로 갔다. 잠시 후 문을 두드리는 소리가 나 열어보니 소와 돼지가 있었다.

천국에는 없는 직업

지옥에 간 엔지니어가 지옥을 살기 좋게 만들었다. 수세식 화장실, 에스컬레이터 등 모든 편의시설을 갖추게 되었다. 어느 날 천국에 있는 천사가 조롱하듯 악마에게 근황을 물었다. "요즘 지옥이 딴 세상이 됐다는 소식 못 들었나? 여긴 이제 수세식 화장실에 에어컨과 에스컬레이터까지 없는 게 없어. 다음엔 엔지니어가 뭘 만들지가 가장 핫한 뉴스라니까." 심사가 뒤틀린 천사가 따졌다. "뭐라고? 왜 엔지니어가 거기에 있나? 착오야 착오. 당

장 올려보내게." "무슨 소리? 절대 안 되지." 천사가 고소하겠다
고 협박하자 악마가 깔깔 웃으며 말했다. "맘대로 해. 근데 어디
서 변호사를 구할 건데?"

변호사와 골프

평소와 마찬가지로 변호사 둘이서 9홀 골프를 치고 있었다.
50달러를 걸고 8번 홀을 끝냈을 때 A변호사가 1타를 앞서고 있
었으나 9번 홀에서 공이 러프로 들어가 버렸다. 그는 B변호사에
게 도움을 요청했다. "좀 도와줘. 그쪽에서 찾아봐주게." 몇 분 동
안 찾아봤지만 허사였다. 공이 없어지면 페널티 2스트로크를 먹
으므로 A변호사는 호주머니의 공 하나를 꺼내 땅에 던졌다. "여
기 공이 있군. 찾았어!" 어이가 없어진 B변호사가 따져 물었다.
"여러 해 동안 동업해온 처지에 그렇게 쩨쩨하게 50달러를 가지
고 나를 속이려 들기야?" A변호사는 뻔뻔하게 변명했다. "속이다
니 그게 무슨 소리야. 바로 여기에서 찾아냈는데!" 그러자 B변호
사가 화를 내며 말했다. "이런 거짓말쟁이야, 내가 5분 동안 자네
공을 밟고 서 있었단 말이야!"

15
소재 15: 직업을 활용해라

유머의 소재로 가장 많이 등장하는 직업은 무엇일까? 변호사
가 압도적으로 많다. 다음은 대통령을 비롯한 정치인, 종교인, 교
수 순이다. 군인, 경제학자, 회계사 등도 있지만 변호사에 미치지
못한다. 대부분 사람이 부러워하는 직업이다.

왜 그럴까? 권위에 대한 도전이다. 시기와 질투가 숨어 있다.
직업별로는 변호사에 관한 유머가 가장 많은데 핵심은 한 가지
다. 별로 좋은 사람이 아니란 것이다. 돈만 밝히고 인간성이 좋
지 않다는 걸 다양한 형태로 풀어냈다. 정치인의 핵심은 거짓말
이다. 자신도 자기 말을 믿지 못할 정도로 거짓말을 밥 먹듯 하
는 사람이 정치인이다. 종교인의 핵심은 위선이다. 사람들 앞에

서는 그럴듯한 말을 하지만 사실은 그렇지 않다는 것이다.

의사, 목사, 변호사

호화 유람선 뉴타이태닉호가 남태평양에서 태풍에 휘말렸는데 암초를 들이받아 침몰하고 말았다. 가까스로 탈출한 의사, 목사, 변호사 세 사람이 보트를 타고 표류하다가 섬 하나를 발견했다. 그런데 그만 보트가 사고의 충격으로 부서지고 있는 게 아닌가. 열심히 물을 퍼내던 세 사람은 그 상태로는 오래 못 버틴다는 걸 깨닫고 헤엄쳐가기로 결론을 내렸다.

하지만 삼각형 지느러미가 왔다 갔다 하는 것으로 보아 해변 가까이 상어가 있는 것이 분명했다. 의사가 "상어가 보통 사람은 안 잡아먹는다고 잡지에 나온 걸 본 적이 있어."라고 말하면서 헤엄쳐갔는데 상어에게 잡아먹혔다. 그다음으로 목사가 "물에 빠져 죽으나 물려 죽으나 마찬가지인데 하나님이 지켜주실 거야."라고 말하면서 헤엄쳐갔으나 다른 상어에게 잡아먹혔다. 마지막으로 남은 변호사가 섬을 향해 헤엄쳐가는데 상어가 옆에 다가와 넌 뭐 하는 인간이냐고 물었다. 변호사가 자기 직업을 밝히자 상어는 동업자를 해치는 것은 상도에 어긋난다면서 그냥 가버렸고 변호사는 무사히 섬에 도착할 수 있었다.

경제학자의 쓸모

한 여자가 반년밖에 살지 못한다는 진단을 받았다. 의사는 경제학자와 결혼해 사우스다코타 주에서 살 걸 권했다. 그녀는 희망을 느끼며 의사에게 물었다. "그럼 제 병이 낫나요?" "그렇지는 않아요. 하지만 그 시간이 꽤 길게 느껴질 겁니다."

치과 의사

병원에서 이 하나를 뽑는 데 2만 원을 받았다. 환자는 그렇게 잠깐 하고 2만 원은 너무 비싼 게 아닌지 물었다. 그러자 의사가 "그럼 두 시간에 걸쳐 천천히 뽑아드릴까요?"라고 제안했다. 환자는 그게 더 싸겠다는 생각에 동의하고 이를 하나 뺐는데 청구서를 받아보고 깜짝 놀랐다. 다른 치과의 청구서보다 3배나 많았기 때문이다. 환자가 왜 다른 치과보다 3배가 많게 받느냐며 따지자 의사가 이렇게 대답했다. "이를 뽑을 때 당신이 소리를 너무 질러서 환자 두 명이 도망갔거든요."

정신병자

한 병실에서 정신병자 두 명이 얼굴을 마주 보고 독서 감상평을 나누고 있었다. "이 책 다 읽었니?" "응." "어땠어? 난 이 책이 주인공만 많고 형식이 너무 단순하다고 생각해." "나도 마찬가지야. 두껍기만 하고 재미가 없어." 이런 이야기를 하는데 간호사가 문을 열고 큰 소리로 물었다. "누가 또 대기실에 둔 전화번호부를 가져갔죠?"

회계사

1+1 =?

초보: 엑셀을 돌려서 2라는 답을 낸다.

노련: 표정을 보고 시간을 끌다 2라고 답을 한다.

유능: 커튼을 치고 도청 장치의 유무를 확인한 후 "얼마에 해드릴까요?"라고 묻는다.

직업별로 싫어하는 사람

내과 의사: 앓느니 죽겠다는 사람

산부인과 의사: 무자식이 상팔자라는 사람

치과 의사: 이가 없으면 잇몸으로 산다는 사람

학원장: 하나를 가르쳐주면 열을 아는 학생

변호사: 법 없이도 살 사람

공짜 밥 먹는 직업

경찰서장, 세무서장, 기자 세 명이 밥을 먹었다. 누가 밥값을
냈을까? 음식점 주인이다.

16
소재 16: 결혼과 함께해라

요즘 결혼식 주례가 사라지고 있다. 그 대신 두 사람이 직접 자신의 사랑 얘기 혹은 결심 사항을 재미있게 얘기하는데 난 그게 더 끌린다. 사실 결혼식의 주인공은 신랑과 신부인데 가끔 재미없는 주례사로 결혼식이 초토화되기도 한다. 재미있고 사랑이 가득한 결혼식장을 엄숙한 장례식장으로 만드는 주례도 있다. 결혼식은 물론 결혼도 재미있어야 한다. 솔직함과 사랑이 넘쳐야 한다. 그런 면에서 결혼은 유머의 좋은 소재다. 몇 가지를 소개한다.

결혼이라는 비즈니스

여자의 중요한 관심사는 가능한 빨리 결혼하는 데 있고 남자의 중요한 관심사는 가능한 오래 결혼하지 않고 혼자 지내는 데 있다. 남자가 결혼을 생각할 때 두려워하는 것은 한 여자에게 매이게 된다는 사실이 아니다. 모든 여자가 자기로부터 떨어져 나간다는 사실이다. 아내는 남편이 변하기를 기대하지만 변하지 않는다. 남편은 아내가 한결같은 모습으로 남아 있기를 기대하지만 변한다.

"가능한 한 일찍 결혼하는 것은 여자의 비즈니스이고, 가능한 한 늦게까지 결혼하지 않고 지내는 것은 남자의 비즈니스다."

조지 버나드 쇼가 한 말이다.

결혼 전과 후

결혼 전 부인이 노래한 후 99점이 나오자 남자가 이렇게 말한다. "자기는 정말 못하는 게 없어." 근데 결혼 후에는 얘기가 다르다. 부인이 노래한 후 99점이 나오자 남자가 이렇게 말한다. "당신, 집에서 살림 안 하고 맨날 노래만 하는 거야?"

결혼 전 여자 친구가 묻는다. "자기야, 나 살쪄 보여?" 남자는 질색하면서 "전혀 아니야, 지금이 딱 좋아. 그걸 말이라고 해?"

결혼 후에는 거침없이 얘기한다. "그럼, 당신 돼지야."

결혼 전에는 지나가는 여자를 보고 여자 친구가 이렇게 묻는다. "저 여자 예뻐?" 남자는 "자기보다 더 예쁜 여자가 있어? 어디? 안 보이는데?"라고 답했다. 아직 사랑이 남았을 때는 이렇게 말한다. "자기도 결혼 전엔 괜찮았어. 그래도 성격은 좋잖아." 사랑이 식은 후에는 "네가 더 예쁘다고 해주면 좋겠어? 남편을 거짓말쟁이로 만들고 싶어?"라고 말한다.

연애할 때는 안 보면 죽을 것 같았는데 결혼 후에는 보면 죽을 것 같다. 왜 그럴까? 내가 변한 것일까, 아니면 상대가 변한 것일까? 둘 다 변하지 않았는데 같은 걸 다른 눈으로 보는 건 아닐까?

"배우자에 대해 심하게 불평하는 그 부분이 바로 결혼 전 매력으로 작용했던 특성이다."

오스트리아의 심리학자 루돌프 드라이커스가 한 말이다.

재미있는 주례사

"내가 무슨 말 하려는지 알지? 그럼 됐어." 유명한 코미디언 배삼룡의 주례사다. 짧지만 강력하고 웃기다.

가장 유명한 건 김제동이 강호동 결혼식 때 낭독한 자작시다. "10대 때 단발머리로 샅바를 잡았고, 20대 때 짧은 스포츠머리로 방송이란 새로운 샅바를 잡았고, 30대 때 인생 최고의 샅바를 잡았다. 그동안 주신 사랑을 손잡고 갚아나가길 바랍니다."

재혼 때 했다는 주례사는 다음과 같다. "뭐 처음 하는 것도 아닌데 긴장들 하지 말고. 원래 다시 하면 잘하는 법이니깐." 기막힌 주례사다.

17
소재 17: 슬로건과 이름에 담아라

욘사마 사촌동생이 운영하는 집

오래 전 핸드폰을 바꾸러 강남역에 간 일이 있다. 워낙 핸드폰
가게가 많아 어느 집에서 할지 고민하는데 문득 '욘사마 사촌동
생이 운영하는 집'이란 글씨가 크게 쓰여 있는 집을 보게 됐다.

나도 모르게 그 집에 가서 가까이 보니 작은 글씨로 (이었으면
하는 사람이)란 글씨가 쓰여 있었다. '욘사마 사촌동생이었으면 하
는 사람이 운영하는 집'이었다. 얼마나 재치가 있는가? 들어가서
도대체 누구 아이디어인지 물었더니 자기 아이디어라고 한다. 근
데 의외로 그것을 보고 오는 손님이 많다고 했다. 이 정도 재치면
무얼 해도 잘할 사람인 것 같았다. 당연히 그 집에서 핸드폰을 샀

다. 이게 재치의 힘이다.

과속운전 방지용 슬로건

과속운전 방지를 위한 슬로건을 만든다면 어떻게 만들까? 충남 서산경찰서 앞에 붙어 있던 과속운전에 대한 슬로건이 압권이다. "그렇게 급하면 어제 오지 그랬슈?" 충청도 사투리를 절묘하게 결합했는데 보는 순간 웃음이 빵 터졌다. 그렇게 급하면 어제 오지, 왜 그리 빨리 달리느냐는 말이다. 누가 만들었는지 상이라도 주고 싶다.

안경집

집의 소중함을 알리는 슬로건 중 베스트는 "안경도 집이 있는데……"가 아닐까. 안경도 집이 있는데 왜 사람이 집이 없을까? 오래전 슬로건이지만 아직까지 생각나는 걸 보면 잘 만든 슬로건이란 생각이다. 비슷한 것들 몇 가지를 더 소개한다.

참외

참외 장수가 있는데 과일박스에 이렇게 적혀 있다. "참외 사실래요? 아니면 저랑 사실래요?^^*" 이 웃기는 문구 하나로 매출이 두 배 이상 증가했다. 당연히 참외를 사지 너랑 살지는 않지.

주유소

"주유원이 불친절하면 가까운 경찰서나 군부대에 신고하세요." 전북 군산에 있는 로열주유소의 슬로건이다. 주인의 재치를 느낄 수 있다.

이제 우리 헤어져

"선영아, 우리 이제 헤어지자." 무슨 광고일까? 라식수술 광고다. 안경 쓴 두 남녀가 안경 때문에 키스하기 불편하자 헤어지자고 얘기한다. 사진과 글귀가 함께 있다. 모안과가 라식 수술을 광고하기 위해 버스 밖에 내건 광고였다.

처음 이것을 보고 참 많이 웃었다. 안경을 쓰고 있는 사람들은 누구나 한번쯤 불편함을 느꼈을 것이고 그것을 라식수술과 절묘하게 연결해 사람들도 웃기고 광고도 하는 두 가지 효과를 동시에 본 것이다.

재미난 간판

내 취미 중 하나는 간판을 보는 것이다. 재미난 간판이 제법 된다. 최근 본 건 남부터미널 근처의 '부정부페'다. 뷔페 이름이다. 들어가보지는 않았지만 재치가 있는 이름이다. '와카레마시타'는 알았다는 뜻의 '와카리마시다'를 살짝 변형해 만든 카레 가게 이름이다. '알마니'는 무슨 가게일까? 이탈리아 명품 옷 브랜드가 아니라 알탕집이다.

'잔비어스'는 호프집 이름이다. 잔이 비었으니 더 따르라는 말이다. '뼈대 있는 집'은 뼈다구 해장국 집이다. '나이스투미추'는 고깃집이다. 만난다는 뜻의 미트$_{meet}$ 대신 고기를 뜻하는 미트$_{meat}$를 썼다. '인생은 다 고기서 고기다' 역시 고깃집이다. '버르장머리'는 미장원이다. '너의 속셈을 알고 싶다'는 속셈 학원이다. '사랑이 아프니'는 사랑니 발치 전문 치과다. '수리수리 집수리'는 집수리하는 가게다.

이외에도 '파란만잔' '화기애애' '만면희색' 등 음식점 이름 중에 기발한 것들이 많다

고수의 유머론

초판 1쇄 인쇄 2024년 4월 5일
초판 1쇄 발행 2024년 4월 12일

지은이 한근태
펴낸이 안현주

기획 류재운 **편집** 송무호 안선영 김재열 **마케팅** 안현영
디자인 표지 정태성 본문 장덕종

펴낸 곳 클라우드나인　　**출판등록** 2013년 12월 12일(제2013-101호)
주소 우) 03993 서울시 마포구 월드컵북로 4길 82(동교동) 신흥빌딩 3층
전화 02-332-8939　　**팩스** 02-6008-8938
이메일 c9book@naver.com

값 18,000원
ISBN 979-11-92966-68-7 03320